私たちの町でも戦争があった

―― アジア太平洋戦争と日向市 ――

福田　鉄文 著

みやざき文庫 135

小さな町での戦争のこと

――「はじめに」に代えて――

私たちの町でも戦争があった

私の住む九州南部、宮崎県日向市は、町村合併で大きくなったとはいえ、人口六万二三〇〇人（二〇一八年一月）で、特に目だった特徴もないありふれた地方都市だと思います。ところがこの小さな町に、戦争前から戦争中にかけて戦争と結びついたいろんな出来事がありました。

一九二九（昭和４）年に海軍の飛行場が作られました。戦争が激しくなるにつれてその飛行場は拡張され、戦争末期には特攻隊用の基地になりました。海岸の港には人間魚雷「回天」の部隊や特攻艇「震洋」の部隊がやってきました。海に近く見晴らしのよい米ノ山の頂上には航空情報部隊が駐屯し、空からの敵を監視していました。

航空基地がありいろんな部隊が駐屯していたために、この町は激しい空襲に見舞われました。爆弾が落とされ、機銃掃射を受け、多くの人が犠牲になりました。父や兄弟は徴兵令によって戦場に引き出されたくさん死にました。

同じあやまちをくり返さないために

戦争の苦しみを身をもって体験した国民は、日本国憲法の下で、戦争は二度としない、武力の行使は永久に放棄するとうたいました。ところが近年、そうではない雲行きになってきました。このようなときだからこそ、どこにでもある普通の町で、住民はどのように戦争への道を歩んだのか、どんな戦争に巻き込まれたのかを振り返ってみることが、大いに意味ある大切なことではないかと考えます。

戦後七〇年以上も経つと、戦争中のことを知る人が少なくなり、戦争に苦しめられたことを忘れ、あるいは知らずに、国を守るためなら戦争もやむを得ないと考える人びとが出てきているのではないかと心配です。

市内には戦争に関係する遺構や記念碑などがわずかですが残っています。私は、それらを手がかりに、人びとが戦争への道を歩んだ様子や戦争中に起こった出来事などを振り返って見ることが必要ではないかと考えています。

戦争遺跡や記念碑などはうっかりすると見過ごしてしまいます。たとえそれらが目にとまったとしても、何を意味するものかわかりにくい場合もあるでしょう。そんなとき、参考になるようなハンドブックがあるとよいのではないかと考えました。そんな思いから生まれたのがこの小冊子です。

本書の内容は、長年にわたって調査した結果に基づいており、調査のその都度書きとめた文章を中心にまとめたものです。そのため、書かれた文章の年代に三〇年の幅があります。また、いまは取り壊されてなくなったものの写真なども含まれています。とはいえ、本書は日向市のいまを伝えていると考えます。

目次

第2章　戦争が始まった

※　本書に引用した文章中、読みにくい語については適宜ルビをつけたことをお断りしておきます

記念碑（所在地図）

⑰航空情報隊の「みたていのいけ」（米ノ山北側中腹）
⑱航空情報隊のかまど、壕など（米ノ山山頂）
⑲防空監視所跡（米ノ山山頂）
⑳望郷の歌碑（日向岬グリーンパーク）
㉑人間魚雷第８回天隊基地跡（幡浦）
㉒第121震洋隊細島基地跡（御鉾ヶ浦）
㉓第121震洋隊梶木基地跡（梶木）
㉔沖縄学童疎開の碑（坪谷小）
㉕学童集団疎開記念之碑（市役所玄関前）
㉖学童集団疎開記念之碑（塩見小）
㉗学童集団疎開記念之碑（平岩小中）
㉘南風原学童疎開記念の碑（高松児童遊園）
㉙空襲犠牲者（黒木トクさん、細島）
㉚空襲犠牲者（木田福松さん、山の田）
㉛空襲犠牲者（相高実さん、財光寺松原）
㉜空襲犠牲者（平山正雄・太田初行さん、塩見）
㉝空襲犠牲者（黒木善蔵さん、飯谷）
㉞空襲犠牲者（上原クニさん、原町）
㉟製塩場跡の煙突（日知屋、富士チタン構内）
㊱爆死学童の慰霊碑（東郷町庭田）
㊲爆弾投棄作業で爆死（細島港外）
㊳殉国慰霊塔（富高小裏の古城が丘）

日向市の戦争遺跡・

❶一太郎井戸（迫野内の鹿瀬）
❷教育勅語40周年記念碑（塩見城址公園）
❸奉安殿落成記念日（塩見運動公園）
❹二宮金次郎之像（塩見小）
❺二宮尊徳先生幼時之像（細島小）
❻日本海軍発祥之地碑（耳川河口右岸）
❼御光の灯（美々津沖、七ツバエ）
❽富高航空基地司令部門跡（富島中校門）
❾富高航空基地用横穴壕（財光寺山下）
❿富高航空基地駐機場跡（財光寺、協和病院内）
⓫神風特別攻撃隊出撃之地碑（財光寺、協和病院内）
⓬掩体壕記念碑（往還公民館北側）
⓭富高航空基地浄水場跡（平岩秋留）
⓮朝鮮人帰国記念碑・記念樹（日向市役所玄関前）
⓯特設見張所電探用発電所跡（南日向駅裏、地蔵山）
⓰特設見張所電探設置所跡（平岩、御名崎ノ鼻）

私たちの町でも戦争があった

――アジア太平洋戦争と日向市――

第1章

いつの間にか戦争への道を歩いていた

はじめに

私が所属する日向・平和のための戦争展実行委員会は、一市民団体として、毎年八月に戦跡めぐりを行い、一二月には平和のための戦争展を開催しています。その戦争展で、二〇一五年（平成17）と一六年には、展示の目玉として「軍国少年・少女はどのように育てられたか」というテーマに取り組みました。

展示物を作るにあたって、実行委員会の中で、軍国少年・少女はどのように育てられたのかについて議論しました。実行委員の中に、私は軍国少年・少女だったという人が三人いて、その人の体験を聞くことから始めました。軍国少年・少女だったという人は語りました。

「どこの教育で軍国少年になったのか、何をきっかけに軍国少女になったのか、そんなことは一切思い当たらない。私はいつの間にか軍国少年・少女になっていたのです。生まれて以来の家庭で、学校で、地域で、つまり、私を取り巻くすべての環境の中で、私はいつの間にか軍国少年に育てられていたのです」

富国強兵政策をとり、教育勅語を指針とした教育制度を作った明治政府以来、軍国日本の中で、男子も女子もいつの間にか、軍国少年・少女に育て上げられていたのです。

第一節　国語教材「一太郎やあい」と一太郎井戸

標柱には「一太郎（ヤーイ）の井戸」とある

一　一太郎井戸

むかし、小学校四年生の国語教科書に載っていた「一太郎やあい」のお話を知っている人は、いまではすっかり少なくなりました。

日向市東郷町迫野内地区の鹿瀬に「一太郎（ヤーイ）の井戸」という標柱の立てられた井戸があります。この井戸の横には東郷町史談会が立てた「一太郎井戸」と書かれた説明板もあります（現在は、井戸を覆う屋根の梁に取り付けられている。写真参照）。

説明板にはつぎのように書かれています。

一太郎井戸

一太郎二才の時母に連れられ、四国より比《ママ》の地に来たり父のもとにて成長す。迫野内小学校卒業後、父を助けて高瀬舟乗り等なす。

二十才の時徴兵検査の為四国に帰る。日露戦争出征時、多度津港母と別れの場面「一太郎ヤーイ」で有名です。この井戸は一太郎一家名残りの姿そのままです。

昭和六十三年六月　日

東郷町史談会

一太郎井戸とは、どういういわれの井戸でしょうか。

迫野内地区の鹿瀬に住んでこの井戸を使用したのは岡田彦造とその妻かめ、子どもの梶太郎でした。梶太郎が成長し、郷里の港から日露戦争に出征するとき、見送りの人混みの中から母親のかめが息子に叫んだ言葉が、その場に居合わせた知事をはじめ多くの人びとの感動をさそったとして、のちに国定教科書国語読本（小学四年生用）に「一太郎やあい」の題で載りました。

しかし、声を掛け合った親子の名前もわからないまま、教科書執筆者の文章「一太郎やあい」が教科書に載ったのです。すぐに、母子はどこの誰かと大がかりな人探しが始まりました。ようやく見つかった親子は、四国・香川県から宮崎県の東郷町に出稼ぎに来て、そして出身地に帰っていた岡田かめと梶太郎だったのです。

教科書に載ってあまりにも有名になった岡田一家が使った井戸なので、史談会の皆さんが「一太郎（ヤーイ）の井戸」として、保存しているのです。

二 「一太郎やあい」のお話

一九二一（大正10）年版『尋常小学国語読本巻7』に載った「一太郎やあい」は、どんな物語なのでしょうか。

教科書の「一太郎やあい」の物語は次のとおりです。

> 第十三　一太郎やあい
>
> 日露戦争当時のことである。軍人をのせた御用船が今しも港を出ようとした其の時、「ごめんなさい。ごめんなさい。」といひひい、見送り人をおし分けて、前へ出るおばあさんがある。年は六十四五でもあろうか、腰に小さなふろしきづつみをむすびつけてゐる。御用船を見つけると、「一太郎やあい。其の船に乗ってゐるなら、鉄砲を上げろ。」とさけんだ。すると甲板の上で鉄砲をあげた者がある。おばあさんは又さけんだ。「うちのこと

はしんぱいするな。天子様によく御ほうこうするだよ。わかったらもう一度鉄砲をあげろ。」

するとﾞ、又鉄砲を上げたのがかすかに見えた。おばあさんは「やれやれ。」といって、其所へすわった。聞けば今朝から五里の山道を、わらぢがけで急いで来たのだそうだ。郡長をはじめ、見送りの人々はみんな泣いたといふことである。

（漢字のみ当用漢字にした。繰り返しのところは、原文は「〳〵」記号が使われている。）

初等科教科書は、一九〇三（明治36）年に検定制から国定制になりました。国定制は敗戦後に再び検定制に戻るまで続きました。その間国定教科書は四回の改訂がありましたが、改訂のたびに軍国美談や戦争にまつわる軍事教材は増えてゆきました。

軍国美談の「一太郎やあい」は、四回の改訂のうちの二回目、第三期（一九一八～三二年）の国語教材として採用されました。

三　「一太郎やあい」誕生の背景

国語教材「一太郎やあい」はどのようにして生まれたのでしょうか。

一九〇四（明治37）年、日本はロシアと戦争を始めました。この日露戦争に関わって「一太郎やあい」の教材ができたのです。そのいきさつを『語りつぐ戦中・戦後―1』（歴史教育者協議会編、労働旬報社）に収録されている石井雍大さんの論文「軍国美談『一太郎やあい』の舞台裏」を参照しつつ、まとめてみましょう。

日露戦争開戦のとき、四国の第一一師団は、乃木希典《まれすけ》将軍の指揮下にはいり、旅順攻略に参加しました。丸亀歩兵第一二連隊にも動員の命令がくだりました。一九〇四年八月二八日、召集兵が中心の第一二連隊第一大隊第一中隊も多度津港沖から出征していきました。岸壁には香川県知事、県第一部長をはじめ、市町村長など多数の見送り人がつめかけ、手に手に「日の丸」の小旗をふって壮途を祝いました。兵士たちは、沖に錨《いかり》をおろしている御用船に乗り移るため、六〇人乗りの伝馬船でつぎつぎと岸壁を離れていきました。

そのとき、「ごめんよ」「ごめんよ」と人波をかきわけ、岸壁にかけつけた老婆がいました。老婆は「梶太郎やあい！　梶太郎やあい！」と叫びました。その声が聞こえたのか、伝馬船から両手を上げ、片手に銃をあげるのが見えました。「梶太郎！　家のことは心配するな」。ふたたび、伝馬船から銃があがり、それを認めた老婆は「やれやれ」とつぶやき、その場に倒れるようにうずくまってしまいました。近くにいた人たちは子を思う親心に強くうたれ、声を出してもらい泣きする婦人もいました。知事もその一人でした。「おばあさん、心配しなくても大丈夫だよ。かならず日本が勝つから……。お前さんはどこから来たの……。名前は……」とたずねました。「はい、あれは、わたしの一人息子です。今生《こんじょう》の別れと思い、けさ暗いうちから五里（二〇キロ）の山道を歩いてきました。もう一度、あれの乗ったご用船を見てきましょうわい……」とことば少なに話し、人ごみのなかに消えてしまいました。

感激した知事、部長らは、「どうしても老婆の住所氏名を知りたい。かならず探し出すように……」と随員に指図しました。

この感心な母は誰かという「軍国の母」探しは、いつのまにか香川県教育会の大きな仕事のひとつとなりました。しかし、なんの手がかりもありません。知事が老婆の叫んだ「梶太郎やあい」を「一太郎」と聞きちがえたことが見つからない理由のひとつでした。

多度津港での母子の別れは出征美談として語りつがれ、たまたま香川県教育会の招きで来県した東京高等師範学校の佐々木吉三郎教授の耳に入りました。すっかり感激した佐々木教授は「そうだ。この話は子どもたちに、愛国心をうえつける生きた教材になる」と考え、友人の高野辰之図書監査官に連絡しました。文部省で小学国語読本の編纂《へんさん》にあたっていた高野辰之はこの話を「一太郎やあい」の題で教科書に収録したのです。これが先に紹介した教材ですが、内容はかなり粉飾されたものになっていました。

四　「一太郎」母子見つかる

一九二一（大正10）年の秋、香川県の観音寺で教育講習会があったときのことです。三豊郡一の谷村（現観音寺市古川町）の一の谷小学校長だった田井福三郎氏が、同席した高井駒五郎教諭と雑談をしていました。すると、高井教諭が「豊田村の岡田梶太郎さんが出征するとき、母のかめさんが多度津まで歩いて送りにいったそうだ。……どうも話題の母子のような気がする」と話しました。田井さんはさっそく岡田さんを訪問し、くわしく話を聞き、本人であることを確認しました。多度津港の別れから一七年も経っていました。

田井校長は梶太郎母子のことを県学務課に報告しました。この事実は大阪朝日新聞高松支局員にスクープされ、「出征美談一太郎やあい――物語の主人公は生存」と大見出しで、さらに小見出しでは「今は廃兵の勇士が悲惨な生活」と書き、全国に報道されました。

五　梶太郎母子の実像

香川県で「一太郎やあい」の研究をしている石井雍大さんに、私が、日向市に「一太郎やあいの井戸」がある、と話しました。彼はさっそく日向市東郷町（当時は東臼杵郡東郷町）に来ました。二〇〇二（平成14）年一〇月のことです。石井さんには、香川県では一太郎（実は岡田梶太郎）の子ども時代のことがわからなかったのです。
石井さんの東郷町における調査では、東郷町史談会員、佐藤儀三郎さん（故人）の著作『国定教科書掲載の一太郎やあい』を手がかりに、鹿瀬の一太郎井戸や耳川沿いの船着き場跡を検分しました。また、梶太郎が卒業したという迫野内尋常小学校跡や東郷町教育委員会、東郷小学校を訪ね、東郷町史談会の渡部強会長にも会いました。教育委員会や東郷小学校でも、梶太郎在学を証明する学籍簿類は、明治時代のこと故見つかりませんでした。しかし、石井さんや私は岡田一家が迫野内で生活したという心証を強くしました。

迫野内尋常小学校跡の碑
（「明治16年開設」とある）

岡田かめ・梶太郎母子は、香川県豊田郡（現三豊郡）豊田村の出身です。一八八三（明治16）年生まれの梶太郎が二歳の時、商売に失敗した父彦造は母子を残して出稼ぎに出ました。前掲の佐藤儀三郎さんの『一太郎やあい』にはつぎのように書かれています。

「（父彦造は）明治18年梶太郎2才のとき出稼ぎのため、単身東郷村迫野内鹿瀬にて炭焼材木の運搬等に従事、その後高瀬舟乗りとなる。彦造は試実《ママ》にして木炭木材生産者の信望厚く、事業も軌道に乗り、住居を木炭木材集積地である鹿瀬関口籐兵衛の隣りに住居をかまえた。そして、妻カメ、子梶太郎を四国より呼び寄せた。……

（梶太郎は）長じて迫野内尋常小学校へ入学。半里（2キロメートル）の小さな山道を、途中2カ所の谷川を渡り、雨風をいとわず通学、4年の課程を終え卒業した。

小学校卒業後、父の手伝いにて高瀬舟乗りとなる。当時、鹿瀬は迫野内、八重原両地区生産物の集積地であった。……鹿瀬の川辺には木炭小屋が多数並び、ここから高瀬舟に積み込まれた。……鹿瀬には常時5、6隻の高瀬舟があり、1隻に2人乗り50～80俵（一俵30キログラム）を積み、早朝出発、美々津港まで約五里（20キロメートル）の川下りであった。」

父と共に山林生産物運搬の仕事に従事して成長した梶太郎は、一九〇一（明治34）年、一八歳のとき母と共に郷里の豊田村池之尻に帰りました。母子は実家大西家の情けで、池之尻に二〇アールの田畑を耕し、二人で日雇いに出ては細々と暮らしました。（佐藤さんの著作には、梶太郎は鹿瀬での仕事を続け、この地で徴兵検査を受ければ面会にも困難だとして、二〇歳になって親子話し合いの結果四国に帰った、と書かれています。）

岡田彦造は、佐藤さんの著作では迫野内鹿瀬の「関口籐兵衛の隣りに住居を構えた」と書かれています。確かに関口さんの家は、今も当時と同じ住所（迫野内一五八八番地）にあります。二〇

写真の家左２棟が関口宅、その右２棟と右端の車庫が黒木宅。車庫の左横に一太郎井戸がある。黒木宅を下った所が耳川の船着き場跡。

一六（平成28）年の現在、ご主人は岩男さん（昭和一〇年生、八〇歳）です。関口さんの右隣には彦造の当時から黒木さんの家がありました。現在のご主人は黒木輝《あきら》さん（昭和八年生、八二歳　迫野内一五八四番地）です。したがって、彦造は自分の家を黒木さんの右隣（東隣）に作った。つまり、現在一太郎井戸があるそのところに家を作ったものと考えられます。郷里へ帰ることになった彦造は、家を他人にゆずった。佐藤さんの著作によれば「四国に引揚げの際、迫野内東上《ひがしかみ》黒木与平治氏住居に移転改装し使用されている」ということです。黒木与平治氏は、鹿瀬から直線距離で一・六キロ離れた東上地区の人で、冊子の著作者佐藤儀三郎氏の家の近くの人でした。

梶太郎は、二〇歳の一九〇三（明治36）年徴兵検査を受け、甲種合格しました。そして翌年、徴兵され、出征のため母に見送られて多度津港で別れをするのです。

丸亀第一二連隊は日露戦争での旅順要塞攻略戦に参加

しました。繰り返し行われる東鶏冠山《ひがしけいかんざん》総攻撃に参加した梶太郎は、一九〇四年一一月三〇日、第四次の総攻撃で負傷しました。

負傷した梶太郎は内地送還となりましたが、全快後は再び前線勤務を希望し、戦地に向かいました。満州（中国東北部）奉天の原隊に復帰し、各地を転戦しました。

梶太郎は凱旋《がいせん》し、一九〇五年一一月、母のもとに帰ることができました。梶太郎はやがて結婚し、子どもも生まれました。しかし梶太郎は、間もなく満州での転戦中にかかった凍傷が悪化しはじめました。右手親指を根元から切断、人差し指、中指が腐りはじめ、左手も三本の指が痛みだし、両手で満足に動く指は四本になりました。痛みのため、眠られず自殺を図ったこともありました。治療費もかさみ、貧しい生活でした。

六　美談へのつくりかえ

さて、一九二一（大正10）年、「一太郎やあい」が国定教科書に掲載されました。このころ、「軍国の母」探しは最高潮に達していました。そして、この年の秋、「軍国の母」は岡田かめであり、「一太郎」は岡田梶太郎であることが判明したのです。

前述のように、新聞は母子が生存しているだけでなく、「『今は廃兵の勇士が悲惨な生活』とつけ加え、軍国日本の暗い日常的側面を衆目にさらした」（『軍国美談と教科書』中内敏夫著　69ページ）

のです。「ことは、国定教科書の権威失墜云々の問題にとどまらず、軍国日本の屋台骨をゆるがしかねない性格の事件である。……いまさら粉飾しがたい。である以上、つぎの手は、眼前の事実の方に加工し、『悲惨な生活』をあたうるかぎり早く当然の報いとしての『幸福な生活』を送っている軍国の母一家につくりかえることである。こうして以後、政府筋、軍関係団体、教育団体、地方名望家層などのきもいりで、岡田母子激励の運動や行事が、さまざまのかたちで試みられることになった」（前掲書71ページ）。

　村民の情けにすがってやっとこさ生計を保ってきた岡田一家は、一躍「郷土の英雄」に祭り上げられました。全国各地から「岡田母子を励まそう」という声があがり、義捐金《ぎえんきん》や慰問品、激励の手紙がぞくぞくと寄せられました。

　一九三一（昭和6）年六月には、地元の豊田村につくられていた岡田母子後援会のはたらきで、多度津港を見下ろす桃陵公園に岡田かめの大きな銅像が建立されました。台座三・二メートル、右手を高く上げて息子に呼びかけるかめの像は高さ二・七メートル。太

多度津桃陵公園のかめ女像
台座3.2メートル　かめ女2.7メートル
（坂出市在住の石井雍大氏提供）

平洋戦争中に金属供出させられ、現在は鉄筋コンクリート製です。

こののち、かめは天皇への拝謁《はいえつ》も許され、大変な有名人になり、一九三四（昭和9）年、八三歳の生涯を閉じました。葬儀は村葬として営まれました。

七　一期だけで終わった教材「一太郎やあい」

天皇に忠義をつくしたはずの兵士は「廃兵」でした。軍国の母かめの銅像が建設されつつあるとき、かめと梶太郎の家族は生計が立たなくなり北海道移住を思い立ったのです。新聞は、「一太郎やあいが北海道へ．打ち続く旱魃《かんばつ》被害で」と報じました。この時も義捐金による救助が行われました。

「廃兵の勇士」の「悲惨な生活」は、天皇の軍隊のあってはならない姿をさらけ出してしまいました。このため、国定教科書第三次改訂で図書監修官は「一太郎やあい」の継続使用を取りやめたのです。発表当時、名作の定評があったという軍国の母の教材「一太郎やあい」は、第三期の国定教科書（一九一八〜三二年）一期だけで使用打ち止めになりました。

［資料］岡田一家の年譜

（石井雍大氏作製、引用者が一部加除、簡略化しました）

1852（嘉永5）年　かめ、豊田村（現香川県三豊《みとよ》市）、大西伊三太の娘として誕生。柞田《くにた》村（現香川県観音寺市柞田町）、岡田彦造と結婚

1883（明治16）年　梶太郎、かめ・彦造の長男として出生　かめ31歳

1884（明治17）年　彦造、宮崎県に出稼ぎ
児湯郡へ、東郷町迫野内鹿瀬へ、関口籐兵衛の隣に居住
炭焼き材木の運搬、高瀬舟乗り。かめ、梶太郎を呼び寄せる。

1890（明治23）年　迫野内尋常小学校入学　梶太郎7歳

1894（明治27）年　迫野内尋常小学校卒業（かめ49歳、当時4年課程）　梶太郎11歳

1901（明治34）年　豊田村池之尻に帰る。　かめ49歳　梶太郎18歳
父彦造も池之尻にこのころ帰郷、再び高知県へ出稼ぎ
彦造、高知県にて死亡（1904年）

1903（明治36）年　梶太郎徴兵検査、甲種合格　第一補充兵　梶太郎20歳

1904（明治37）年　日露戦争はじまる。
7月1日、梶太郎召集される（丸亀12連隊第1大隊第1中隊）
8月28日、多度津港での別れ　かめ52歳　梶太郎21歳
梶太郎、旅順攻撃戦に参加し負傷

1905（明治38）年　1月中旬、梶太郎、丸亀衛戍《えいじゅ》（予備）病院に入院加療

1907（明治40）年　3月19日、奉天着、原隊復帰　奉天大会戦　梶太郎22歳
6月～11月、転戦を重ねる。
1908（明治41）年　11月23日、丸亀に帰還し除隊
2月　このころより凍傷悪化　梶太郎24歳
4月　右手親指切断、その後、両手の指に疼痛
藤田キヌと結婚　梶太郎25歳
母、神山・西北山麓に家を持つ。小作4反
1921（大正10）年　梶太郎2男2女をもうける。
「一太郎やあいのモデル発見」「廃兵の勇士――ひさんなせいかつ」
全国各地で「岡田母子をはげまそう」　義捐金募集はじまる。
『一太郎物語』、一太郎キャラメル、一太郎せんべい、など
1931（昭和6）年　かめ女の銅像建立　かめ79歳　梶太郎48歳
工事の最中に梶太郎一家の北海道移住が新聞報道される。
「一太郎ヤーイが北海道へ　打ち続く旱魃被害で」（香川新報）
「軍国の母　北海道へ入植」などと報道　同情募金集まる。
北海道への移住を見合わせる。
1934（昭和9）年　9月18日、かめ死去　82歳　梶太郎51歳
9月20日、村葬、県知事、第11師団長など出席
1962（昭和37）年　梶太郎死去　79歳

［参考文献］

『語りつぐ　戦中・戦後――1　近衛兵反乱セリ』（歴史教育者協議会編　労働旬報社）「軍国美談『一太郎やあい』の舞台裏」（7～27ページ　石井雍大執筆）
『国定教科書掲載の一太郎やあい』（佐藤儀三郎著　自家版）
『軍国美談と教科書』（中内敏夫著　岩波新書）

（二〇一六年八月）

第二節　教育勅語と勅語発布四十周年記念碑

一　教育勅語四十周年記念碑

日向市塩見の城址公園に「教育勅語四十周年記念」という石碑が建っています。この碑は三層の基壇の上に南面して建てられており、地上からの高さは三メートル一五センチ、「教育勅語四十周年記念」と書かれた記念碑本体の部分だけでも一メートル九〇センチあります。

「教育勅語四十周年記念」碑

この碑は、一九三一（昭和6）年一〇月、塩見青年会によって建てられています。建立の趣旨は、碑文によれば次のとおりです。

「抑々昭和五年ハ教育勅語御下賜四十周年ニ相當ス此機ニ際シ本會ハ謹テ御聖勅ノ御精神即皇道

ノ○倫タル而モ国民道徳ノ大教典ヲ永久ニ記念シ益国民精神ノ発揚ヲ期セムトシテ茲ニ荒廃セル本城址ノ採伐整地植樹等行ヒ逐年一大公園完成ノ企図ヲ議セリ」

これ以下の引用は略しますが、城址からの眺めがよいことや、居城した諸将のことが述べられ、最後に、これから後、本会が社会奉仕として公園の経営にあたる、と述べられています。（「○倫」の○の字は欠けて読みづらいのですが、彝倫《いりん》ではないかと判読しました）。

二　御真影と教育勅語

明治維新により新政府は、富国強兵と殖産興業という二つの方針を掲げて国づくりを進めました。一八八九（明治22）年には、大日本帝国憲法（明治憲法）を定め、天皇中心の国家体制とすることにしました。翌一八九〇年、国民教育の基本として教育勅語を制定しました。帝国憲法の発布によって民権思想の再台頭を恐れた首相山県有朋らは、徳育方針の確立と強化を強く求めたのです。

教育勅語は、天皇の大権によって国民に向け発せられた命令で、発布された翌日には、文部省は勅語謄本を全国の学校へ頒布し、趣旨の貫徹を訓示しました。謄本配布は一九九一（明治24）年中にほぼ終わりました。この年六月には、「小学校祝日大祭日儀式規定」を制定し、御真影への拝礼、教育勅語奉読、君が代斉唱などを行わせることとしました。この結果、教育勅語は日本の教育の基本理念を定めたものとして、戦前・戦時期には絶対的な神聖性をもって教育現場を支配しました。

1882（明治15）年　「御真影」は、はじめ府県庁、大公使館、軍隊、軍艦などに「下賜」されたが、この年に官立学校に、つづいて八六年に府県立学校に、そして八九年に市町村立高等小学校に下賜《かし》された。

1890（明治23）年　教育勅語発布（翌日、文部省は勅語謄本の全国学校への頒布、趣旨貫徹を訓示）

1891（明治24）年　小学校祝日大祭日儀式規定制定（御真影へ拝礼、教育勅語奉読、君が代斉唱など）。文部省、御真影と勅語謄本を校内一定の場所に奉置するよう訓令（奉安殿設置を示唆）

宮崎県内各学校への教育勅語謄本の交付はいつ頃のことでしょうか。

「教育勅語・御真影下賜の過程……日之影町の場合……」（発表資料。発表者・甲斐亮典）に、「『県古公文書』（雑書）明治三一年」には、「各学校への勅語謄本交付年月日が記録されている」として、西臼杵郡長から県内務部長宛の報告が掲載されています。この表によって西臼杵郡内各学校への教育勅語交付年月日を知ることができます。

三田井尋常小学校　明治二十四年一月二十四日交付
押方尋常小学校　同
向山尋常小学校　同
上野尋常高等小学校　明治二十四年一月二十六日交付
下野尋常小学校　同

（以下略）

この表には二四校の尋常小学校の名前があり、うち高等科を置いていたのは上野小学校だけでした。二四校への勅語交付は、一八九一（明治24）年一月二四日の三田井尋常小学校に始まり、同年二月三日に二三校への交付が終わり、残る一校の鹿川尋常小学校だけが遅れて一八九三（明治26）年二月四日の交付でした。

教育勅語謄本の配布は、先に一八九一年中にほぼ終わったと書きましたが、右の表でわかるように宮崎県内でも九一年中にほぼ終わったものと考えられます。

学校への「御真影」の交付はいつ頃始まったかについては先に述べましたが、この甲斐亮典氏の「発表資料」によれば、「前掲の教育勅語交付の表と同じ資料に、西臼杵郡内で御影の交付を受けている学校が記載してあり、それによると次の四校である」として、「両陛下御影及複写御影の交付状況」の表が付してあります。

三田井高等小学校　　御影　　明治二十三年七月十八日交付
上野尋常高等小学校　　御影　　明治三十一年十月三十日交付
向山尋常小学校　　複写御影　　明治三十年三月十三日奉蔵
田原尋常小学校　　複写御影　　明治三十年三月八日奉蔵
前記ノ外　　複写御影　　上野村役場へ格護

さらに、前掲の甲斐資料中に次のような文章があります。

御真影奉蔵之儀ニ付上申

郡内塩見尋常小学校

両陛下複写御真影奉蔵並ニ格護之儀ハ　同校教員室床ノ間ニ錠前付戸棚ヲ設ケ　該戸棚ノ裡ニ奉置シ教員交代ヲ以当宿直格護可致筈ニ有之候間此段上申候也

明治三十二年十一月六日

東臼杵郡富高村長　　青木　昂

宮崎県知事　岡　山　勇　殿

また、前掲甲斐資料中には、「学校に御影を下賜されると言うのは大変なことであった。『御影の前で教育勅語を奉読する』ことは、学校の最も重要な行事となり、このことは学校教育を通して、明治政府が天皇制支配を確立する拠り所となった」と述べ、続けて「県古公文書」（雑書）明治三四年　学第一三号からの「知事より西臼杵郡長宛」の通牒《つうちょう》が引用されています。その要旨は、次のようなものです。

貴郡の田原高等小学校に天皇陛下皇后陛下の御影が下賜されるが、校長へあらかじめ次の各項を示しおかれたい、として、次の五項目が書かれています。

一　小学校長当庁（県庁のこと）へ出頭ノ上ハ　内務部第三課ニ届出ツヘキコト
一　小学校長ハ礼服　若シクハ「フロックコート」着用ノコト
一　御影ヲ格護スルニ足ルベキ清浄ナル箱類携帯ノ事
一　拝戴帰校ノ当日ハ該校職員・生徒ハ勿論其他関係諸職員途中ニ奉迎ノ事
一　拝戴帰校ノ上　相当ノ日ヲトシ《ぼく》　拝戴ノ式挙行ノ事

＊（県庁のこと）の注は引用者の、（ぼく）のルビは著者甲斐氏の注

「御真影」は公式には「御写真」と呼ぶのだそうです。この写真は、国家元首としての存在を示すために「下賜」されはじめました。教育勅語と同様に尊いもの、神聖なものとして取り扱うことが強制されました。

三　御真影下付と奉迎――富高小学校の場合

一八八九（明治22）年に御真影下付の範囲を高等小学校に広げました。このことに関し日向市史（通史編）に次のような記述があります。

「『聖上並皇后宮御写真之儀是迄道庁府県立小学校等へハ夫々拝戴相成来候処自今高等小学校へモ申立ニヨリ下付可相成筈ニ有之候就テハ　拝戴方申立相成候ニハ先以後来維持ノ目的モ確立シ且他ノ模範トモナルベキ優等ノ学校ヲ撰ミ当省ヲ経テ申立相成可然候』。この通牒に応えて県は二十三年四月に八校、二十四年十一月に宮崎女児、庄内、三股、高原、山田、高城、富高の高等科合設八小学校を『区内人民能ク学事ニ篤ク爾後其進歩ノ実跡頗ル観ルベク他ノ模範』と推奨して宮内大臣に御真影の下賜を上申した。このため下賜された学校は大変名誉な学校とされた。御真影の奉迎、拝戴式は盛大に行われた。」（日向市史　通史編８９０～1ページ）

このようにして富高小学校に御真影の下付が決まりました。その御真影をどのように奉迎したか、石川清富高村長から知事に提出された報告があります。『日向市史』（通史編）の史料⑤から抜粋して紹介します。（史料⑤　御真影奉迎・拝戴式景況報告　前掲書９４３ページ）

「御真影奉迎

一月廿一日午前九時小吏並首座訓導宇津国太郎県庁ニ出頭シ拝受ノ上仝十一時発程奉護帰校

ノ途ニ就キ夕暮都濃町着一泊、翌二十二日払暁同所発、都濃駐在巡査町端レマデ奉送シ来ル、午前十時美々津川ヲ渡レバ渡場ニハ幸脇小学校教員生徒一同奉迎シ校旗旭旗ヲ翻ヘシ椨峠絶頂マデ奉護ス、是ヨリ先キ富高小学校ニ於テハ本日正午該校御着ノ予定ナリシニ依リ該校教員生徒ノ一隊二百余名及富高村役場員、村会議員有志ノ一隊ハ午前八時富高ヲ発シ此絶頂ニ於テ早ク既ニ鳳輦《ほうれん》ノ至ルヲ拝ス、依ツテ一同路傍ニ正立シテ敬拝□（ママ）生徒ハ「君ガ代」ヲ唱歌シ終テ　両陛下万歳ヲ三呼シ前後ヲ奉護シ、砂田橋ニ来レバ平岩小学校教員生徒、岩脇村役場員及有志等整列シテ敬礼シ、又赤岩橋ニ来レバ富高小学校教員生徒ノ一隊百余名及塩見、細島両小学校ノ教員生徒并村会議員、大世話人、伍長、警察官、大林区署派出所員、裁判所出張所員、生徒ノ父兄有志者等道路ノ左右ニ整列シ一同敬礼ノ後、列ニ加ハリ無慮一千余名校旗旭旗或ハ尊王愛国ト大書セル大旗等数旒ヲ翻ヘシ供奉シテ小学校ニ午後一時三十分富高着御アリ、全校ニ於テハ豫テ設ケアル玉座ニ奉安シ奉迎者一同ハ号鐘ニヨリ各々式場ニ列ス、席定マリ首座訓導恭シク御真影下賜ノ主旨及此無上ノ恩沢ニ浴スル我々教員生徒村民一同ハ爾来一層ノ奮励ヲ加ヘ協心戮力切磋琢磨シ忠君愛国ノ志気ヲ涵養シ以テ恩賜ノ万分ノ一ニ酬ヒ奉」ることを誓う旨のあいさつがあり、君が代を唱歌し、一同順次御影に参拝しました。（ルビは引用者）

宮内省は、天皇・皇后の写真を学校に交付しましたが、受け取る側の学校にとっては受け取り自体が大仕事でした。宮内省は県を、県は町や学校を指導して写真の交付を行いました。政府・

宮内省は、天皇がひいては写真がいかに神聖なものか、そのことを交付の過程において学校の関係者、県民にも教えようとしたのでしょう。

四　奉安殿落成記念碑

「教育勅語四十周年記念」碑は、碑を建立した塩見青年会の若者たちが、教育勅語発布四〇年の時期に、教育勅語について次のように考えていたということです。つまり、教育勅語の精神は、すなわち「皇道」（天皇の行う治世の道）であり、それはまた「彝倫《いりん》」（人の常に守るべき道）である、したがって、教育勅語は「国民道徳の大教典」である、というのです。塩見青年会の皆さんは、明治政府が意図したとおりに教育勅語を大切なものとして受け止めました。そして彼らは、教育勅語を道徳の指針、生活の指針として生きていこうとしたのです。

正面に奉安殿落成記念　昭和10年３月と刻されており、碑の下部が欠けている

先に、塩見尋常小学校では御真影を教員室の床の間の戸棚に「奉置」したと紹介しました。その後の一九三五（昭和10）年に、御真影や教育勅語を保管する奉安殿が落成しました。この落成を記念して奉安殿落成記念碑も建てられました。し

かしこの記念碑は、現在、かつて塩見小学校の校庭であった塩見運動公園の東の隅に建つ二つの石碑の間に倒れています。

石碑には、「奉安殿落成記念　昭和十年三月」とあり、縦一メートル二三センチ、横九三センチ、厚二四センチで、下の部分が少しかけ落ちています。

五　教育勅語の「排除」・「失効確認」決議

天皇絶対主義の明治憲法体制のもとで「国民道徳ノ大教典」として絶対的な権威を持った教育勅語も、アジア太平洋戦争の反省の上に立って発布された日本国憲法の精神に従えば、その誤りは明白です。

戦争が終わり新しい憲法の下で再出発したはずの平和国家日本において、未だに教育勅語などにとらわれた考え方があるとして、その払拭《ふっしょく》のために衆・参両院はそれぞれに左記の決議を行いました。

衆・参両院の教育勅語「排除」・「失効確認」決議は次のとおりです。
○教育勅語等排除に関する決議（一九四八年六月一九日衆議院決議）
「……既に過去の文書となっている教育勅語並びに陸海軍軍人に賜りたる勅諭その他の教育

に関する諸詔勅が今日もなお国民道徳の指導原理としての性格を持続しているかの如くに誤解されるのは、従来の行政上の措置が不十分であったがためである。
　思うに、これらの詔勅の根本的理念が主権在君並びに神話的国体観に基づいている事実は、明らかに基本的人権を損ない、且つ国際信義に対して疑点を残すものとなる。よって憲法第98条の本旨に従い、ここに衆議院は院議を以て、これらの詔勅を排除し、その指導原理的性格を認めないことを宣言する。……」

○教育勅語等の失効確認に関する決議（一九四八年六月一九日参議院決議）
「われらは、さきに日本国憲法の人類普遍の原理に則り、教育基本法を制定して、わが国家及びわが民族を中心とする教育の誤りを徹底的に払拭し、真理と平和とを希求する人間を育成する民主主義的教育理念をおごそかに宣明した。その結果として、教育勅語は、軍人に賜りたる勅語、戊申《ぼしん》詔書、青少年学徒に賜りたる勅語その他の諸詔勅とともに、既に廃止せられその効力を失っている。……右決議する。」

（二〇一六年五月）

第三節　二宮尊徳と金次郎像

日向市立塩見小学校の校庭に「二宮金次郎之像」が建っています。同細島小学校には「二宮尊徳先生幼時之像」の台座だけが残っていましたが、先年、その台座の上に真新しい二宮金次郎の像が建てられました。このような二宮金次郎の像は高千穂町立高千穂小学校や宮崎市立宮崎小学校にも建っています。二宮金次郎（尊徳）像は戦時中にはもっと多くの学校に建てられていたのではないかと思います。

塩見小の「二宮金次郎之像」

一　塩見小学校の「二宮金次郎之像」

塩見小学校の金次郎像は、石造りで、太ももから上の上半身像です。像は台座の上に据えられていて、台座も含めて高さは約二メートルです。薪《まき》を背負った少年の像で、左手には開いた分厚い本を持ち、右手は胸のところで背負子《しょいこ》の紐《ひも》を握っています。目は本に落としているようです。

台座の正面には「二宮金次郎之像」と書かれ、裏面に石のプレートがはめられ、そこに一七名の人の名前と学校長と教頭の名前も刻まれています。その最後に「昭和五二年四月吉日再建……」と書かれています。さらに、このプレートの下に少し小さめのプレートがはめられ、そこに「昭和十二年八月、之ハ当初鈴木義長、高橋実氏ナドノ発議ニヨリ建立シ学校移転ニ伴イ再建世話人　壹岐　茂　高橋　実」と書かれています。つまり、この「二宮金次郎之像」は、一九三七（昭和12）年八月に鈴木義長、高橋実氏などの発議によって建立されました。そして、学校移転に伴い一九七七（昭和52）年四月に再建されたということになります。

塩見小学校は、太平洋戦争中は第二富高国民学校と呼ばれており、戦後の一九四七（昭和22）年に塩見小学校となりました。この当時の学校所在地は、現在塩見運動公園や日向市農村交流館（塩見二〇六一－三番地）のあるところでした。そこから、一九七三（昭和48）年に現在地（塩見二六七八番地）に移りました。一九七六年に厄年有志により新しい学校の体育館前に築山が寄贈されました。この築山の一角に一九七七年四月、「二宮金次郎之像」は再建されました。

この金次郎像は、旧校舎の校庭に建っていたものを直接新校舎の築山に移して建てたものではないようです。多分、戦後間もない時期に金次郎像は倒され、土中に埋められたのではないでしょうか。地元の人たちの話では、この像は旧校舎跡地の整地作業の時、偶然に掘り出されたものだということです。

二　細島小学校の「二宮尊徳先生幼時之像」

細島小学校には人物像のない「二宮尊徳先生幼時之像」という台座だけがありました。その台座は体育館の西側、塀際にありました。台座の正面にはめられた丹銅製のプレートには「二宮尊徳先生幼時之像」と書かれ、裏面には同じく丹銅製のプレートに「寄贈　宮崎市橘通一丁目　高島屋呉服店主手塚寛二」と書かれていました。その台座が、体育館西側の創建当時の場所に戻され、その上に新しく造られた「二宮尊徳先生幼時之像」が乗せられたのです。台座左側面に「再建寄贈　寅卯会還暦記念（昭和37年度卒業生）　平成二十二年二月建立」と書かれたプレートがはめられています。

細島小の「二宮尊徳先生幼時之像」

細島小学校創立百周年記念誌「鉾」に「二宮尊徳先生幼時之像」の写真が掲載されており、「戦争で鉄砲の玉となって出征してしまった」という説明が付されています。像のなくなった台座だけの写真もあります。

一九七七年の像再建にあたった寅卯会の皆さんは、その写真の「尊徳先生幼時之像」をご存じと思いますが、石造りの新しい像はがっしりしてたくましい体格です。写真で見る旧像はすらっとした細身の少年で、黒っぽくつややかな印象を受けますので、銅像だったことが分かります。しかし、戦争が激化し、金属類が不足すると、寺の梵鐘《ぼんしょう》なども含めていろんな金属が供出させられました（一九四一年八月三〇日　金属類回収令公布）。細島小学校の「二宮尊徳先生幼時之像」も像だけ取り外し一九四三年ごろ供出させられ、その時以来台座だけになっていました。

二〇一〇（平成22）年二月二八日、寅卯会の還暦記念行事として、二宮尊徳先生幼時之像再建除幕式が行われました。その時の除幕式次第に寅卯会会長の吉川直正氏が「還暦記念寄贈品決定の経過報告」という一文を寄せています。その中で、母校への還暦記念寄贈品がなぜ「二宮尊徳先生幼時之像」再建になったのかについて説明されています。母校の細島小学校に学校とも協議の結果、本棚と備品を還暦記念品として寄贈することを決定したが、その後の協議の中で「教頭先生より現在体育館北側に残っている二宮尊徳先生幼時之像の台座を使用して、二宮像の寄贈は如何《いかが》なものかとの問いかけがあり」、調査検討した結果、「石像でよければ」と学校の意向に沿うことになった、と書かれています。

類似の「二宮金次郎像」は、西臼杵郡高千穂町の町立高千穂小学校や、宮崎市の市立宮崎小学校にもあります。宮崎小学校の金次郎像は細島小学校の像と同じ「二宮尊徳先生幼時之像」であり、寄贈者は細島小学校の像の贈り主と同じ「宮崎市　高島屋呉服店主手塚寛二」と「宮崎市遊戯組合」です。

寅卯会の人たちが手塚寛二氏の略歴と像の寄贈について調べています。手塚氏は大正時代に四国徳島より細島に来て呉服店を開業、その後高鍋町を経て宮崎市内へ移転し、宮崎市橘通一丁目で呉服店を開業したということです。お世話になった町の細島小学校、高鍋東小学校、宮崎小学校に「二宮尊徳先生幼時之像」を寄贈しました。高鍋東小の校庭には像存在の確認ができないといいます。

三　二宮金次郎（尊徳）とはどんな人物か

二宮尊徳（一七八七―一八五六）は、神奈川県小田原市栢山《かやま》の生まれで、幼名を金次郎といいました。幼年時に父母を失い、叔父の家を手伝い、その傍ら勉学に励みました。勤倹力行して青年期に家を再興し、その後、農法を工夫し、増産と倹約に努め、幕末の荒廃した各地の農村の復旧に尽力しました。

彼の考えと運動（報徳思想）は門人たちによって受け継がれ広められ、明治一〇年代になると政府によって注目されるようになりました。

教育の場では、一九〇〇（明治33）年の検定教科書「修身教典」に二宮尊徳として初めて登場しました。そして一九〇四（明治37）年に最初の国定教科書「尋常小学修身書」で、孝行、勤勉、学問、自営という四つの徳目を代表する人物として描かれるようになりました。また、唱歌では一九〇二年の幼年唱歌に現われ、一九一一年の尋常小学唱歌には「芝刈り縄ない草鞋《わらじ》をつくり、親の手を助《す》け弟《おとと》を世話し、兄弟仲良く孝行つくす、手本は二宮金次郎」と歌われました。二宮金次郎は「教育勅語」の説く徳目を体現した人物像として子どもたちの手本にされたのです。このようにして、二宮尊徳は明治天皇に次いで国定教科書に最も多く登場する人物となりました。

薪を背負って本を読む少年金次郎の像が小学校に建てられるようになるのは、昭和に入ってからのことで、はじめは銅像でしたが、戦時中の金属類回収令によって供出させられ、そのため石像にかえられたものが多かったのです。

明治政府はどのような考えから二宮尊徳を教科書に登場させたのでしょうか。そのことに関して奈良本辰也氏は、その著書『二宮尊徳』（岩波新書）で、「明治政府の理解した尊徳は、現状に変化をもたらさないで、その農民の勤勉と倹約によって、よく農村の矛盾を解決したという点においてであった」と述べ、また「彼に政治批判が全くないということ、それこそが権力を持つものの誰にとっても喜ばれることであった」とも述べています。

このように述べた後に、奈良本氏は、二宮尊徳が国定教科書の中に入れられた理由として井上哲次郎が説明した文章を引用しています。

「国定教科書に二宮翁を加へたるは、最も選の宜しきを得たるものと謂ふ可し。我国史中模範人物としては中江藤樹あり、上杉鷹山あり、水戸の義公あり、烈公あり。共に是れ大和民族の精粋にして、後世の模範となすに足るべきものに相違なきも、鷹山、義公、烈公の如きは、何分大名なるが故に、一般平民に其縁頗《すこぶ》る遠く、感化又或は及び難きものあり。独り二宮翁は然らず、翁は平民にして、而《しか》も農夫の子として成長せり。故に農家の子女には、其境遇近く、其境涯相似たり。境遇等しきが故に、教師は学びて怠らず、勉《つと》めて休まずんば、農家の子女も、亦《また》能《よ》く二宮翁の如くなり得べしとの希望を抱かしむるに足る』(井上哲次郎「学説上における二宮尊徳」留岡幸助編『二宮翁と諸家』所収)。

この引用文に続けて奈良本氏は、「これを次の言葉と対照するとまことに面白い。それはやはり同人の言葉であるが」として、井上の文を引いています。「余は一たび国定教科書中に吉田松陰を加へんと欲せしも或人《ある》之に反対して曰《いわ》く、精神は兎《と》も角も、彼は時の政府に反対したるもの、小学生徒には終《つい》に不適当の人物たるを免れずと。是に於てか遂に松陰を加へざる事となれり。」

四　二宮金次郎、教科書に再登場か

私は四つの小学校に金次郎像が建っていることを紹介しました。しかし、これらの学校ではこれまでのところ、どこも金次郎像を教育活動の中で取り上げていませんでした。

ところで、文部科学省中央教育審議会が二〇一四（平成26）年一〇月二一日に行った「道徳に係る教育課程の改善等について（答申）」を受けて文部科学省は「特別の教科　道徳」（仮称）を二〇一八年度から小学校及び特別支援学校の小学部で、二〇一九年度から中学校及び特別支援学校中学部で実施すると発表しました。これに関わる教科書の検定は小学校用は二〇一六年に、中学校用は二〇一七年に実施するとしています。

さて、民間の教科書会社はどんな教科書を作ればよいのでしょうか。文科省は検定基準を作りはしたものの内容についてどのような検定をするつもりなのでしょうか。それにつけても思い浮かぶのは文科省が作って二〇一四年に全国の小中学生に配布した道徳教材「私たちの道徳」のことです。文科省は、「わたしたちの道徳」のような内容のものをつくれというお手本のつもりなのでしょうか。

この道徳教材「私たちの道徳　小学校1・2年」の最初の部分　①自分を見つめての（2）自分でやることはしっかりと　のところに「読みもの」として「小さな　ど力の　つみかさね――二宮金次郎――」が登場しています。その内容は、「金次郎にはゆめがありました。『何とかして　自分が生まれた家をつくり直したい』そのために一生けんめいに勉強しました」と述べ、最後に「小さなど力のつみかさねが大きなことにつながる」ということを多くの人たちにつたえました」と締めくくられています。

文科省は、「道徳」を教科として検定教科書をつくり子どもたちに教えさせることにしました。そうして、子どもたちの道徳性の評価については、数値などによる評価は不適当だが総合的に評価していく必要がある、としています。

「道徳」の教科化がかつての「修身」のようなことにならないか。国家が肯定する特定の価値観を児童生徒に強制することにならないか。憲法、子どもの権利条約が保障する個人の尊厳、思想良心の自由、意見表明権等を侵害する恐れはないか。二宮金次郎の再登場、道徳の教科化についての危惧の念は募ります。

（二〇一五年五月）

〔参考文献〕『二宮翁夜話』福住正兄筆記（岩波文庫）
『二宮尊徳』（奈良本辰也著　岩波新書）
『世界大百科事典』「にのみやそんとく」の項

第2章　戦争が始まった

はじめに

日本は明治維新によって近代国家を歩み始め、殖産興業、富国強兵政策を進めました。このような日本は、外国との間に日清戦争や日露戦争などをつぎつぎと行って、大陸進出への足場を築いてきました。

一九三一（昭和6）年には満州事変を起こし、その翌年に「満州国」をつくって、中国への侵略を本格化させました。一九三七年には、盧溝橋事件をきっかけに中国との全面戦争に突入しました。同年一二月には大虐殺事件を起こして南京を占領し、さらに前線を進めて戦争は泥沼化しました。

さらに東南アジアへ進出し、一九四一年には太平洋戦争にまでのめり込みました。

第一節　紀元二六〇〇年と日本海軍発祥之地碑・御光の灯

一　紀元二六〇〇年奉祝事業

一九三八（昭和13）年四月には国家総動員法が施行され、国民生活は戦時統制を受けるようになって、国民のなかに戦争に対する嫌気が広がりつつありました。

このような時期の一九四〇（昭和15）年は、神話にいう第一代神武天皇が即位して二六〇〇年になるというので、戦争に向けて国民の意思を統一するため、紀元二六〇〇年祭が行われました。

政府は、一九三五年に「紀元二六〇〇年祝典準備委員会」を発足させ、奈良県の橿原《かしはら》神宮や陵墓の整備などを進めました。一九三七年には、紀元二六〇〇年奉祝会を創設し、奉祝事業を計画実施しました。日本万国博覧会と第一二回オリンピック東京大会の同時開催を計画しました。しかし、万国博覧会は、チケットは発売されましたが戦局の悪化で中止され、オリンピック東京大会は、一九四〇年九月二一日～一〇月六日の開催と決定されましたが、これも戦争を理由に返上せざるを得ませんでした。

全国的な記念祝典行事

1940（昭和15）年

6月　紀元二千六百年奉祝東亜競技大会（神宮外苑）

天皇、伊勢神宮、橿原・桃山山稜参拝

11月　紀元二千六百年奉祝式典（皇居前）

皇居前での「紀元二六〇〇年奉祝式典」は、一一月一〇日、内閣主催によって開催され、近衛文麿首相が開会の辞と祝辞を述べました。天皇が勅語を下し、「紀元二六〇〇年頌歌《しょうか》」を斉唱し、万歳三唱。閉会の辞は近衛首相でした。

天皇の勅語はどんなものだったのでしょうか。

「茲《ここ》ニ紀元二千六百年ニ膺《あた》リ百僚《ひゃくりょう》（官僚）衆庶《しゅうしょ》（庶民）相会シ之《これ》カ慶祝《けいしゅく》ノ典《てん》ヲ挙《あ》ケ以テ肇国《ちょうこく》（はじめて国を建てること）ノ精神ヲ昂揚《こうよう》セントスルハ朕《ちん》深ク焉《こ》レヲ嘉尚《かしょう》（ほめたたえること）ス

今ヤ世局《せいきょく》（世上のなりゆき）ノ激変ハ実ニ国運隆替《りゅうたい》（盛んなことと衰えること）ノ由《よ》リテ以テ判《わ》カルル所ナリ爾臣《なんじ》民其《そ》レ克ク嚮《さき》ニ降《く》タシシ宣諭《せんゆ》ノ趣旨ヲ体シ我カ惟神《きしん》（神として）ノ大道ヲ中外ニ顕揚《けんよう》（功績などをたたえて世間に広く知らせること）シ以テ人類ノ福祉ト万邦ノ協和トニ寄与スルアランコトヲ期セヨ」

（カッコ内は筆者注）

二　紀元二六〇〇年奉祝事業と宮崎県

ところで、紀元二六〇〇年奉祝祭典などの奉祝事業に先立って、一九三四（昭和9）年には神武天皇御東遷二六〇〇年祭が行われています。カムヤマトイワレヒコノミコトらが日向（宮崎県美々津）を出航し、大和の橿原でミコトが即位して、第一代の神武天皇になったとされています。その日向出航から橿原到着までに六年かかったといいますから、神武天皇即位二六〇〇年の六年前が神武一行の美々津出航から二六〇〇年ということになります。その出航二六〇〇年の祝賀が神武天皇御東遷二六〇〇年祭でした。

この紀元二五九四年は一九三四（昭和9）年にあたるということで、この年一〇月、神武天皇御東遷二六〇〇年祭は、全国規模で実施され、宮崎県では、関係伝承地に奉祝記念施設を建設し、一〇月五日には、全国協賛会主催の記念奉祝祭典が行われました。この神武天皇御東遷二六〇〇年祭については、この後の三の項「日向市と紀元二六〇〇年奉祝事業」の中で見ていくことにしましょう。

日高次吉氏は、宮崎県の動きを広い視野で見て次のように書いています（『宮崎県の歴史』山川出版社）。一九三一（昭和六）年の「満州事変・上海事変や翌年の五・一五事件などを通じてわが国が非常事態にはいると〝皇祖発祥の地〟〝祖国日向〟という観念が県下に支配的となった。そしてこれらの思想は長期にわたる不況をのがれようとする県民の切実な念願と合流した」と述べ、これに応ずるように一九三三（昭和8）年から三年間続けて次のような行事が執り行われたと紹介しています。

昭和八年には、新県庁舎が竣工。再置宮崎県五〇年祭挙行。宮崎市制一〇周年記念祭

九年には、神武天皇東征二六〇〇年祭挙行

一〇年には、南九州陸軍特別大演習が行われ、天皇来県

そうして、「昭和一五年に予定された神武天皇即位二六〇〇年祭をめざして活発な動きを見せた」と述べています。

岡田啓介内閣は、一九三五（昭和10）年、二千六百年祝典準備委員会を発足させ、橿原神宮や陵墓の拡張整備などの記念事業の作業を始めました。宮崎県は、県の奉祝事業として、①宮崎神宮神域の拡張　②日豊線宮崎駅から宮崎神宮までの参道の拡張　③宮崎神宮徴古館新築　④上代日向研究所設立　⑤天孫降臨の聖跡（県内二十数か所）の顕彰　などを決めました。一九三七年七月に知事に就任した相川勝六は、祝典評議会に強力に働きかけ、宮崎神宮拡張工事を国の祝典行事の中に組み込ませました。

県の奉祝事業の一つに「八紘之基柱《あめつちのもとはしら》」の建設がありました。宮崎神宮の西北の高台、神武天皇の東征出発までの居住地とされる皇宮屋《こぐや》の北方の丘の上です。

前掲書の著者日高次吉氏は次のように書きました。「この戦争景気の上昇期にわが国は二六〇〇年祭をむかえた。これを機として県では精神文化につながる記念事業として、県民の労働力によってなった八紘台上に〝八紘之基柱〟を建てた。また、〝上代日向研究所〟が設立されるなど、戦時宮崎の精神高揚に力を入れたのである。しかし戦争の拡大につれて、これらの文化事業も中断せざるをえなかった。」示唆に富む記述です。

三　日向市における紀元二六〇〇年奉祝事業

神武天皇が大和に向かって船出したとされる日向はどこなのでしょうか。古代日向は現在の宮崎県や鹿児島県を含む九州南部を指していました。したがって、宮崎県の美々津だけでなく、鹿児島県の福山町（現霧島市）や串良町（現鹿屋市）など、いくつかのところが、わが地こそ神武船出の聖地だと主張しています。

『日向写真帖　家族の数だけ歴史がある』（日向市史別編、二〇〇二年三月、日向市発行）に日向写真帖執筆者小馬徹氏（神奈川大学教授）の次の文章があります（同書221～2ページ）。

「実は、俗耳に反して、おきよ丸当時の美々津伝説に対する学問的な評価は、厳しいものだった。文部省は一九三八～一九四〇（昭和13～15）年に、当時の学会の総力を上げて、神武天皇神話に係わる土地を比定する大学術調査を実施した。一九四二年発行の『神武天皇聖蹟調査報告』は、記紀などの重要な文献やそれが触れている土地の状態に関連して、調査地を次の三段階に分類評価した。それは、①その地点・地域が推定できる「聖蹟」、②江戸時代を下らない時点で記録された価値のある伝説・口碑をもつ「聖蹟伝説地」、③伝説・口碑はないが、何らかの重要な学説があり、且つ価値のある資料によって推考できる「聖蹟推考地」、である」

この三段階に分類評価した「聖蹟」「聖蹟伝説地」「聖蹟推考地」のどれにも宮崎県には該当地がなかったのです。小馬教授は続けてこう書いています。

「一九三九（昭和14）年九月十五、十六の両日調査を受けた宮崎宮でさえ、上記の正式な調査対象にもなっていない。……調査団は十七日立磐神社を訪れたが、その結果は容易に予想がつくだろう。つまり、両神社を聖蹟と呼ぶのは、県や地元、あるいは新聞社の独自の判断なのである。」

神武天皇お船出の地と伝えられる美々津は、紀元二六〇〇年の奉祝事業の時、聖地として脚光を浴びました。美々津は港町として、古来、大坂との舟運で栄えましたが、日豊線の開通で衰えました。児湯郡美々津町は、一九五五年、日向市に併合され、日向市美々津町となりました。

(1) 神武天皇御東遷二六〇〇年祭

神日本磐余彦命《かむやまといわれひこのみこと》（神武天皇）が日向の美々津を発って大和に行き、初代天皇に即位したといいます。その時から数えると一九四〇（昭和15）年がちょうど二六〇〇年になるというのです。

ところで、日向の美々津を発って大和に向かった神武一行は六年かかって大和に着き、天皇に即位したといいますから、即位から二六〇〇年目が一九四〇（昭和15）年なら、美々津出発の記念日はその六年前の一九三四（昭和9）年ということになります。このことはすでに述べました。

この美々津出港の二六〇〇年目を祝った祭典が、一九三四年の「神武天皇御東遷記念二六〇〇年祭」でした。

では、「御東遷二六〇〇年祭」とはどんな行事だったのか『美々津郷土誌』（黒木晩石編著　講談社）を参照しつつ紹介しましょう。

竜神ばえの御光の灯
（『日向写真帖』より）

「御東遷二六〇〇年祭」を最初に提案したのは、当時の立磐神社の社司橋口健でした。これに率先賛成して熱心に企画実現に努力したのは、当時の美々津小学校長内田文四郎（在任昭和八〜一〇年）だったといいます。当時の宮崎県知事君島清吉は、橋口らの企画に賛同し、県主導で御東遷二六〇〇年祭を行うことにしました。祝祭は、宮崎県（君島知事）が主催し、全国協賛会（会長松平頼寿）の手によって実行されましたが、あくまでお船出の地美々津が中心の祭典であったようです。

この「御東遷二六〇〇年祭」は、美々津にとってどのような意味合いのものだったのでしょうか。「鉄道開通が裏目に出たこと、水力発電工事ダムによる耳川の分断、つづいて耳川分水による打撃と、うちつづく衰退に悩みつつあった美々津に、一時的とはいえ、旺盛な活気をもたらしたものであった」と前掲書は述べています。

前掲書によれば、この祝祭に際して、立磐神社境内が整備されたり、神武天皇が腰掛けたと伝えられる「御腰掛岩」に白木玉垣を巡らしたりしました。また、この年（一九三四＝昭和九年）に美々津沖の竜神ばえに灯台が建設され、お船出にちなんで「御光りの灯」と名づけられました。

なお、この灯台の名は黒木晩石著『美々津郷土誌』では「御光りの灯」ですが、『日向市の歴史』では「御光の塔」で、「神の御燈《みあかし》を奉納するという趣旨によって建造されたもので、高さ約二三メートル、八角、五層の純日本式灯台です」と説明が付けられています。『日向写真帖　家族の数だけ歴史がある』では、一九三四年一〇月二日の記念式典の際に「御光の灯」と命名されたと、述べています。

(2)　お船出伝説の地美々津での記念行事

昭和15年４月18日に行われた美々津港での「おきよ丸」出港の神事（『日向写真帖』より　対岸は岩脇村幸脇）

１９４０（昭和15）年　４月　神武天皇御東遷順路漕舟大航軍
１９４１（昭和16）年　９月　日本海軍発祥之地碑起工
１９４２（昭和17）年　９月　同碑竣工

神武天皇即位より二六〇〇年という一九四〇（昭和15）年は、全国および宮崎県でも盛大な記念行事が行われたことはすでに述べたとおりです。

お船出の地といわれる美々津は賑々《にぎにぎ》しく聖地として脚光を浴び、美々津中心の大がかりな行事も行われました。

(a)　神武天皇御東遷順路漕舟大航軍

『日向市の歴史』にはこの記念行事を「神武天皇御東行御順路漕舟大行軍」としていますが、筆者は黒木晩石著『美々津郷土誌』の「神武天皇御東遷順路漕舟大航軍」の呼称に従いました。

『美々津郷土誌』によれば、東遷順路漕舟大航軍は地元民の有志が発案したもので、大阪毎日新聞が後援し、宮崎県を中心として全国的な組織で実行されたといいます。

舟型埴輪《はにわ》を模して造られた木製の軍船（長さ約二一メートル、幅約五・四メートルで五〇トン）は「おきよ丸」と命名され、八〇名の若者が二四挺《ちょう》の櫓《ろ》をこぎ、時速三ノット（約五・六キロ）から五ノット（約七・三キロ）で航海しました。

この「大航軍」は、四月一五日に宮崎神宮で結団式を行い、四月一八日、「おきよ丸」に三隻の警護船が従い、美々津港を出発しました。船団は、神武東行時の順路を取り、四月二九日、盛大な歓迎の中、大阪・中之島に到着し、一二日間の航海を終えました。その先は特別電車で奈良県へ向かい、この日のうちに橿原神宮に到着したのです。

(b)「日本海軍発祥之地」碑の建立

「日本海軍発祥之地」碑（碑の正面下部に舟型埴輪がおかれている）

日向市美々津町、耳川右岸の河口近くに立磐神社があり、その社前に大きな石碑が建っています。この碑は一九四〇年、宮崎市に建設された「八紘之基柱」と同じく紀元二六〇〇年の記念事業の一環として、宮崎県奉祝会によって建設されました。

一九四一（昭和16）年九月二一日に起工され、翌年の九月一〇日に竣工しました。碑は石積みで高さ一二・六メートル、碑の正面には元総理大臣で海軍大将、米内光政の筆で「日本海軍発祥之地」と書かれています。彫刻家日名子実三が設計したもので、碑全体が波頭を表しています。碑の正面、基壇より少し高いところに舟型埴輪がおかれていますが、これは、ここから船出したという神話の神武天皇たちが乗った軍船を意味しています。

戦争が終わった年の翌年、一九四六年に占領軍への配慮から、宮崎市の「八紘之基柱」の「八紘一宇」の文字が「平和の塔」に書き換えられましたが、同年、美々津のこの碑の文字も「平和の塔」に書き換えられました。しかし、その後、両方とも、元の文字に復元されています。

（二〇一四年七月）

［参考文献］『宮崎県の歴史』日高次吉著　山川出版社
『美々津郷土誌』黒木晩石編著　講談社
『日向市の歴史』甲斐勝編著　日向市役所総務課
『日向写真帖　家族の数だけ歴史がある』日向市史別編　日向市

第二節　富高海軍航空基地とその遺跡

一　県内で最も早く作られた飛行場

日向市に作られた軍の施設は富高海軍飛行場で、一九二九（昭和4）年のことでした。飛行場が作られた場所は、東臼杵郡富高町（現日向市）大字財光寺の桃ノ木原でした。一九二九年四月に工事が始められ、早くも同年七月には飛行機の一隊が飛来しています。初めの頃は、訓練のために部隊がやってくるだけで、常駐者のいない練習用の小さな飛行場でした（詳しくは拙著『宮崎の戦争遺跡　旧陸・海軍の飛行場跡を歩く』の「第3章　1　富高海軍航空基地」を参照してください）。

宮崎県内には、アジア太平洋戦争が終わるまでに富高航空基地を含めて一一カ所もの飛行場・航空基地が作られましたが、富高飛行場が一番早く、それ以外の飛行場のほとんどは、太平洋戦争の末期に建設されました。では、なぜ富高海軍飛行場は早い時期に、九州南部の宮崎県に、海軍の飛行場として建設されたのでしょうか。

軍隊は、どこかの国を仮想敵国にしながら軍備を整えるものです。日露戦争でロシアの艦隊が潰滅したため、日本帝国海軍はそれまでのロシアではなくアメリカを仮想敵国にしました。陸軍は引き続きロシア（後ソ連）に備えました。

アメリカと戦うとすれば、アメリカが太平洋から来襲する前に、日本海軍はアメリカの植民地であったフィリピンを奪う必要があると考えたのです。このような考えから、富高に海軍基地が必要だったのではないかと思います。

二　富高海軍航空基地の略年表

(1)　常駐者のいない臨時に使用された訓練飛行場の時期

1929（昭和4）年
4月　海軍呉鎮守府建設部、富高飛行場の建設はじめる（海軍省、富高町の斡旋で用地三〇〇〇町歩買収）
6月　海軍富高飛行場開設。兵隊の常駐はなし（常時は管理人だけ）

1935（昭和10）年
10月　拡張工事の末、この頃、飛行場が一応完成した。陸・海軍部隊が時たま演習に使用。

1940（昭和15）年
「日本海軍航空基地現状（本土、中国以西）」の表中に「滑走路二〇〇×一、八〇〇

（アスファルトやコンクリート舗装ではない）、飛行機掩体《えんたい》中型小型×四八、指揮所があり、無線電信設備を備え、燃料も備蓄して、昭和15年使用可能」とある（「戦史叢書」第17巻108ページ）。

1941（昭和16）年

8月　8月の「内線部隊航空基地整備状況」の中で、富高航空基地が「第一線部隊用で完成及び概成した」基地の一つとして報告されている（「戦史叢書」第17巻24ページ）。

10月　10～11月、ハワイ真珠湾を攻撃することになる第一航空戦隊の「赤城」「加賀」の艦爆隊が猛訓練した。

＊「ハワイ真珠湾奇襲作戦」に出撃したのは、第一航空戦隊のほか、「蒼龍」「飛龍」の第二航空戦隊、「翔鶴」「瑞鶴」の第五航空戦隊であった。

1943（昭和18）年

秋からまた拡張工事が行われ、徴用された作業員が大勢投入された。

⑵　築城海軍航空隊富高分遣隊、富高航空隊の時期（＊筆者は、「富高航空隊」は存在せず分遣隊のままだったと考えています）

1944（昭和19）年

4月　1日、築城海軍航空隊富高分遣隊が発足。練習航空隊指定、陸上機操縦教育担当。このころ、予科練習生三〇〇人がいた。十六、七歳の少年。練習用赤トンボは三〇機ぐらいだった。

7月　15日～9月14日、延岡中学三年生二〇〇人、掩体壕構築、整地に従事

11月　富高航空隊（司令、海軍中佐岡村徳長）として独立（？）。練習航空隊指定、陸上機操縦教育担当

1945（昭和20）年

3月　1日、富高海軍航空隊を廃止し岩国（山口県）海軍航空隊を開設（司令、岡村徳長中佐）

(3)　特攻隊出撃待機基地となった時期

1945（昭和20）年

3月　1日。第五航空艦隊（2月10日編成、司令長官：宇垣纏中将、司令部：鹿屋）に所属する神雷特別攻撃隊の七二一航空隊が三月一日所在した基地は富高、宇佐、都城東であった。七二一空司令（司令は岡村基春大佐で岡村徳長中佐の弟）は富高、宇佐基地の整備作業を指導するよう命ぜられた（「戦史叢書」第17巻197～8ページ）

18日。米軍機が富高飛行場周辺を襲撃したので、細島、富高で邀撃《ようげき》にあがった零式戦

闘機との間で空中戦があった。米軍機四機、零戦も二機撃墜

4月　菊水1号作戦始まる。特別攻撃隊の後方基地となる。特攻隊の発進基地は鹿屋飛行場。富高飛行場はその中継基地、待機基地として脚光を浴びるようになった。

＊菊水一号作戦　二号、三号作戦――一九四五年四月一日、米軍が沖縄に上陸したのに対し、「菊水」と名付けられた特攻作戦が四月五日から、沖縄守備隊の組織的抵抗が終わる前日の六月二十二日まで、十回決行された。二五七一機出撃、二五〇〇余名が戦死。駆逐艦9隻他を撃沈。

6月　1日、佐世保鎮守府所属として第五二七設営隊が六月一日編成され、航空特攻基地としての緊急整備が行われた（戦史叢書第17巻105ページ）

8月　15日、終戦。当時、富高飛行場には零式戦闘機二〇機が残されていた。

三　富高海軍飛行場建設の経過

日向・平和のための戦争展実行委員会は、二〇一五年八月二日、井上忠一さん（日向市財光寺三五二九－一〇在住）をガイドにお願いして、富高飛行場跡の戦跡めぐりを開催しました。井上さんは、この時の戦跡めぐりガイドに備えて自らの手で「富高飛行場について」という文章を冊子にまとめてくださった。また前年の一二月には、日向・平和のための戦争展の際、「戦争の語り

部の話を聞く会」の語り部として、富高飛行場のことを語ってくださった。その時の話も含めて、以下に井上さんが見た「富高飛行場建設の様子」をまとめてみましょう。

(1) 井上さんのこと

井上さんは、終戦の年に一五歳でした（一九三〇年三月二〇日生）。以下は井上さんご自身の文章と二〇一二年一二月の「日向・平和のための戦争展」での「戦争の語り部の話を聞く会」で話されたことに基づいています。文章中の括弧内は筆者が書き加えたものです。

井上忠一さん（2012年12月）

「昭和十五年から集団登校が始まり、その年から卒業までの四年間、飛行場横の道を通学しました（その頃の住所も現住所と同じでした）。そのため、いろいろな飛行機や家屋の移転、拡張工事を見ました。

昭和十九年に高等科を卒業し、富島青年学校に入りました。入ったとはいうものの、十九年から二十年には富高基地の施設部充電所の工事用トロッコ牽引《けんいん》車運転士として勤務しました。そのため、私は十九年秋から二十年の春にかけて飛行場の拡張工事が行われたとき、着艦場や掩体壕の工事に参加しました。また、戦後も保安要員がいなくなったとき、飛行場警備や爆弾搬出の仕事にも携わりました。赤岩の壕に保管中の爆弾を細島港へ運んだことを思い出します。」

(2) 初期の飛行場

「飛行場ができた頃の財光寺は、山下、往還、切島山の三区でした。切島山は現在、切島山一、切島山二、松原区です。切島山区の中心は霧島神社周辺で、神社前には区の公会堂（今日の公民館のこと）もありました。この集落の東側に隣接して飛行場の施設ができていたのです。

霧島神社の大きな鳥居（2015年８月）

初期の飛行場は小さい飛行場でした。現在の国道一〇号線からホームワイドの辺りに駐機場があり、駐機場の西に格納庫、南西の角に給水塔、番舎がありました。門番の小野さんが家族と一緒に住んでいました。正門は霧島神社前の道路から東へ五〇メートル位の所にあり、番兵が立っていました。

飛行機はときどき来るだけで、いないときの方が多かった。初期の頃に来た飛行機は、航空母艦から上陸したもので、駐機場に沢山並んでいました。飛行機が来たら早朝からエンジン音がにぎやかでした。上空では宙返りや急降下をしていました。そのような状態は昭和十四、五年頃まででした。」

(3) 新施設建設工事

「一九四一（昭和16）年頃に拡張工事が始まりました。新施設の建設、つまり、飛行場の拡張、飛行場敷地の北東部に新施設と駐機場の建設、日知屋（現在の富島中学校や日知屋小学校とその周辺）に兵舎建設、塩見川に架橋、着艦場の建設、有蓋、無蓋掩体壕の建設などが主な工事でした。当時、飛行機や軍の施設は最高機密で、一切口にすることはできませんでした。日豊線の汽車も富高駅（現日向市駅）と岩脇駅（現南日向駅）間は、窓のシャッターを閉めさせられ、飛行場を見ることはできませんでした。

飛行場拡張や北東部の施設・駐機場は十八年末には完成していました。十九年は着艦場・有蓋掩体壕、昭和二十年、最後にできたのが無蓋掩体壕で、二十年春の空襲と同時でした。」

〈飛行場拡張〉

「飛行場拡張のため、家屋の移転が行われました。昭和十六〜十七年頃多く行われました。移転先の大半は、鉄道の西側でした。松原や往還、平岩に移った人たちもいました。

飛行場の拡張は、東の松林から西は集落の道路まで、北は塩見川、南は赤岩川までに拡がりました。

用地の造成は、近くの土をトロッコで運んでいました。表土は、定善寺南の山や草場から馬車で運んでいました。重機のなかった時代ですからすべて人力です。スコップ、つるはし、もっこが作業道具でした。」

〈北東の新施設と駐機場〉

「建設された場所は、現在の南日本ハム・日向自動車学校・協和病院の所です。櫛《くし》の山から土砂をトロッコで運搬して造成していました。広い駐機場や大きい格納庫ができていましたが、そこに飛行機を見たことはありませんでした。

一般の人は立ち入りできませんでしたから、詳しいことは知りません。二十年、B29の空襲で全壊しました。」

〈兵　舎〉

「兵舎が、櫛の山の土砂採取跡地に建築されました。建築時期や使用期間など詳細は知りません。十九年頃より山手の三角兵舎や疎開で空き家になった家に分散していた兵士たちのためのものでした。兵舎は昭和二十一年、富島青年学校が使用し、翌二十二年より富島中学校となり、現在に至っています。」

〈塩見川の橋〉

「塩見川の河口近くに架けられた橋は大瀛橋《たいえい》という木橋でした。兵舎と飛行場との往来に大切な橋でした。終戦直後の台風（八月二七日）で流失しました。」（大瀛橋の命名は富高航空基地の軍人によるもので、地域の人たちは「軍人橋」と呼び、渡ることができませんでした。人一人が擦れ違うことができるだけの狭い幅の橋で、現在の大瀛橋のほんの少し下流に架けられていた。川床に跡がまだ残っている。）

〈V型着艦場〉

「十九年春、舗装工事に行きました。現在のように生コンのない時代でした。すべて人力で、小さいミキサーでコンクリートを練っていました。昭和十九年夏に完成。しかし、ここでの着艦訓練は一度も見ませんでした。」

〈有蓋掩体壕〉

「飛行場の東側、浜辺に近い松林の中に四基できていたが、終戦後爆破。飛行場の西側、日豊線に近いところに三基、これは集落に隣接していました。現在の往還公民館横に一つ、その北に坂本自動車が使っていたもの、公民館の南にもう一つ（大平精米所だった所）、三つ並んでありました。一番北にあって坂本自動車が使っていた掩体壕の跡に掩体壕の記念碑が建てられています。

掩体壕作りは、土で型を作り、コンクリートで固め、後で土を外に運び出す工事方式でした。生コンやクレーンのない時代でしたから全部人力でした。勤労奉仕の人たちが大勢、モッコを担いでいました。

私は、十九年九月、土の搬出作業に行きました。十九年末完成。人家が近かったので、爆破ができず、最近まで残っていました。坂本自動車が使っていた最後の一つが二〇〇四年二月に壊されました。」

〈無蓋掩体壕〉

「作られた場所は、水田地帯（現在の重黒木自動車より南）で、二十基ぐらいできていました。零《ゼロ》戦《せん》（幅一二メートル、長さ九メートル）が二機入る大きさ、高さも五メートル以上ありました。近くの土をトロッコで運び、大勢で担ぎ上げていました。重機のない時代、すべて人力です。一つ作るのにも気が遠くなるような仕事で、それが二十基もです。想像もできない大仕事でした。十九年秋から二十年春まで、赤岩の砕石と秋留の赤土を乗せたトロッコを牽引して誘導路や掩体壕に運びました。飛行機の誘導路作りは石を敷いて固めました。表土は定善寺、草場、九電の裏山から運びました。土運びは、トロッコ八～十両をバッテリーカーに引かせて行いました。バッテリーカーには、二〇キロワットのバッテリーが百個積んであり、一晩充電すると一日働いたものです。充電所が今の重黒木自動車の裏辺りにありました。近いところの土運びは、人がトロッコを押して行いました。

徴用工員、朝鮮の人たち、学徒、隣組など、大勢の人たちが働いていました。

完成した近くの壕に壊れた飛行機を入れていたが、ほとんど使うことはなかった。

戦後、農地復元のために壊しました。壊した土を農地造成に使いました。」

井上さんは、実際に拡張工事に携わった人だけに、話の内容が具体的で、工事の様子が手に取るようにわかります。貴重なお話でした。

(4) 訓練の様子

飛行場は、日豊線の東、北は塩見川、南は赤岩川に囲まれた広い範囲でした。ここで、航空隊員たちは、戦争に備えて毎日激しい飛行訓練や地上での訓練を受けていました。飛行場には、滑走路の他、指揮所、整備場、格納庫、弾薬庫、通信施設、掩体壕などが備えられていました。

「今の協和病院の所に戦闘指揮所があり、特攻隊に行く人があると黄色い旗が立ちよった。」(財光寺往還三四　渋谷キヌエさんの話　一九八三年　七二歳)

「今の南日本ハムの所に何十機も入る木造の格納庫があったが、終戦の時に家を焼かれた人々がそれをくずして自分の家の材料にした。日向生コンの所には着艦場と呼ばれる一〇〇メートル×二〇〇メートルぐらいの広場があり、ここでは空母での離着陸の訓練をしていた。」(財光寺往還一〇三　稲田利一さんの話　一九八三年　七五歳)

四　富高海軍航空基地関連の戦争遺跡

(1) 富高海軍航空基地司令部門の跡

所在地：日知屋、富島中学校正門

富高海軍航空基地の基地本部や兵舎は、塩見川左岸の河口近く、現在の日向市立富島中学校や日知屋小学校の辺りにありました。飛行隊の数百名の他、それをサポートする警備隊や施設隊が加わり、千四百名ぐらいがこの周辺に居住していました。

航空基地の正門は、今でも富島中学校の正門として残っています。この門を入ったすぐ右手に門番の詰所がありました。門には番兵が立っていました。

富高航空基地の門そのままの赤煉瓦の
富島中学校校門

日向市平岩出身で、当時富高駅（現日向市駅）の駅員だった児玉武夫さん（故人）は、「基地宛に送られてくる鉄道貨物のことで、この門をよく出入りした。門を入った正面の建物の右手に会計課があった」と語っていました。また、「基地宛の貨物を積んだままの貨車を駅に止めておくと、夜になって基地の幹部が積み荷を密かに持ち出しに来た」とも語っていました。

基地本部・兵舎と飛行場を結ぶために、現在の大瀛《たいえい》橋のすぐ川下に木造の、地域の人びとに「軍人橋」（海軍橋とも）と呼ばれた人一人がすれ違えるだけの橋がかけられていました。終戦後すぐの台風で流失しました。

(2)　富高海軍航空基地用の横穴壕　　所在地：財光寺山下

財光寺山下、遠くからでも見える寺山の高台に定善寺が建っています。その寺山の東側、塩見川よりのところに、二〇メートルの間隔をおいて二つ、大きな横穴壕があります。その壕は、子どもが中に入ったりすると危険だとの理由で、現在は、入り口が土砂で塞がれています。私はこの壕を宮越利明さん（一九三二年生、故人）と一緒に、二〇〇三年三月、原田光明さん（一九三二年生、日向市財光寺七三〇五　在住）の案内で調査したことがあります。

向かって左側の水がたまっていた壕。現在は入り口が土砂で塞がれている。

左側の壕は、横幅四メートル三〇、高さ三メートル、奥行き三〇メートルで、入り口に土石が積もっており、中に水がたまっていました。右側のものは、横幅四メートル三〇、高さ三メートル、奥行き二〇メートル。入り口に崩れ落ちた土石が積もっているが、水はなく、一番奥まで入れました。

この壕は、富高航空基地が朝鮮人を使って掘っていたもので、敗戦とともに作業は中止されました。壕の使用目的は防空壕ではなく、軍用物資の倉庫、保管場所の予定だったのではないか。そのため、普通の防空壕よりずっと大きなものでした。左側の壕はすでに三〇メートル掘り進められており、寺山の西側に突き抜けるまで掘る計画だったようで、向かい側からも掘り始められていました。右側の横穴も同様の予定だったものと考えられる、と原田さんは語りました。

なお、原田さんの話によれば、横穴壕の前辺りに、かまぼこ兵舎が一棟あったということです。兵舎の長さは二〇メートル、真ん中は通路になっており、通路の両側に寝台が一段並んでいたといいます。

富高航空基地用の横穴壕（防空壕）は基地本部近くの櫛ノ山の麓にいくつも掘られていました。日知屋の公園通りから仏舎利塔のある櫛ノ山への登り口にかけての櫛ノ山山麓に掘られていたのです。現在は崖崩れ防止のため、コンクリート壁で覆われているため、見ることができません。空襲が激しくなってからは、士官たちはそれらの防空壕の中で仕事をし、宿舎としても使っていました。士官たちの防空壕は板で壁や天井が張られて立派なものでした。

前ページの写真と同じ壕の元の姿。原田さん（左）とスケールで計測する宮越さん

(3) 富高海軍航空基地の飛行場・駐機場跡

所在地：財光寺、協和病院

飛行場には、幅六〇メートル、長さ七〇〇メートルと六〇〇メートルの滑走路が二本ありました。滑走路とはいえ芝生の滑走路でした。防衛庁防衛研修所図書室所蔵の「航空基地略図」によれば、二本の滑走路はX文字のように交差して描かれています。飛行場にはこの他、駐機場（エプロン、飛行機を停留する駐機場の区域）や戦闘指揮所などもありました。駐機場は初め、小さな飛行場の西の部分にありましたが、昭和一六、七年ごろに飛行場が拡張されると、新駐機場が現在の協和病院の辺りにも作られました。コンクリートで固められた駐機場の一部が、協和病院の玄関前の駐車場の中に残されています（「滑走路の一部」と説明が付けられています）。

　この駐機場跡は、協和病院の初代理事長堀彰夫さんの切望によって残されたものです。相当な傷みが出ていますが、当病院は将来もこのまま当時のものを残したい考えです。堀さんは旧制延岡中学の生徒の時、学徒動員で本飛行場の拡張工事に参加されました。

病院前のコンクリートの駐機場跡

(4)　神風特別攻撃隊出撃之地碑

所在地：財光寺、協和病院

協和病院玄関前の右手に、「神風特別攻撃隊出撃之地」と刻まれた大きな石の紀念碑が建っています。

一九五七（昭和32）年に協和病院が開設されたとき、今もこの記念碑の後ろに残されている爆弾痕の横に、木柱の記念碑が建てられました。それが朽ちたため、初代理事長堀彰夫さんの発起によって永久に朽ちない石碑にすることが計画され、一九七七（昭和52）年八月二九日に除幕式が行われました。この碑は、特攻隊員だけでなく、中国・朝鮮より徴用され飛行場建設に従事して亡くなった方々、また故国を遠く離れこの空で戦死された米軍将兵などの霊もお祭りしているとして、平和希求の願いがこめられています。

病院敷地内に建つ神風特別攻撃隊出撃之地碑

協和病院のあるこの地域一帯は富高海軍飛行場の置かれた地域でした。この飛行場から特攻機が敵艦めがけて、直接飛び立ったことはありませんでした。しかし、この飛行場は特攻隊の訓練基地、待機基地として使用されました。そして、この基地で訓練し待機していた特攻隊は、海軍鹿屋基地に置かれていた第五航空艦隊司令部からの命令を受けて鹿屋に飛び、そこから突入したのでした。この意味において、この基地は特攻隊出撃の地といえなくもないでしょう。

「いまの協和病院の所に戦闘指揮所があり、特攻に行く人がいると黄色い旗が立ったそうです」。こう語ったのは、一九八三年、当時七二歳の渋谷キヌエさん（日向市財光寺往還三四）です。

(5) 爆弾の穴跡

所在地：財光寺、協和病院

「神風特別攻撃隊出撃之地」碑のすぐ後に、爆弾が落下した跡の穴があります。説明の標柱には直径一二メートル、深さ五メートルと書かれています。

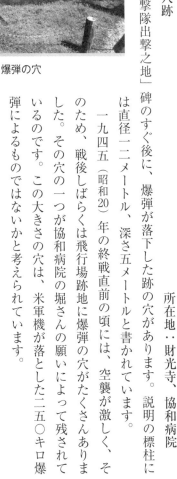

一九四五（昭和20）年の終戦直前の頃には、空襲が激しく、そのため、戦後しばらくは飛行場跡地に爆弾の穴がたくさんありました。その穴の一つが協和病院の堀さんの願いによって残されているのです。この大きさの穴は、米軍機が落とした二五〇キロ爆弾によるものではないかと考えられています。

爆弾の穴

(6) 掩体壕《えんたいごう》記念碑

所在地：財光寺、往還区公民館横

戦争末期に七基ばかり作られていた有蓋掩体壕は、戦後次々と壊され、最後の一基が二〇〇四（平成16）年に壊されました。日向・平和のための戦争展実行委員会の私たちは、貴重な戦争遺物として残してほしいと署名運動などを行い、日向市に働きかけました。しかし、残してもらうことはできませんでした。残してほしいという市民の声の署名簿を持って当時の山本孫春市長に面会したとき、市長は、「残すことはできないが、①記録保存する　②取りのぞいた掩体壕の跡地に掩体壕の一部分を記念碑として残す」と約束しました。

山本市長の次の黒木健二市長のとき、二つの約束は果たされました。一つは、記録保存するとして『財光寺1号掩体壕』（二〇〇四年三月、日向市・日向市教育委員会）という冊子が作られました。二つ目は、掩体壕の一部を切り取ってそれを記念碑として建て、その横に「旧海軍富高航空基地と掩体壕」という説明碑も建てられました（二〇〇八年三月）。掩体壕が一つも残らなかったのは残念ですが、記録誌

写真右の碑は掩体壕の一部を切り取って建てたもの。左は富高航空基地と掩体壕の説明碑

壊すために周囲のものが取りのぞかれた掩体壕（記念碑の所にあった　2003年11月写す）

と記念碑ができたことに対して、二人の市長の誠意を感じました。

説明碑の碑文は私たちが書かせてもらい、碑文の最後には、碑文作成者として日向・平和のための戦争展実行委員会の名前も書き加えられています。

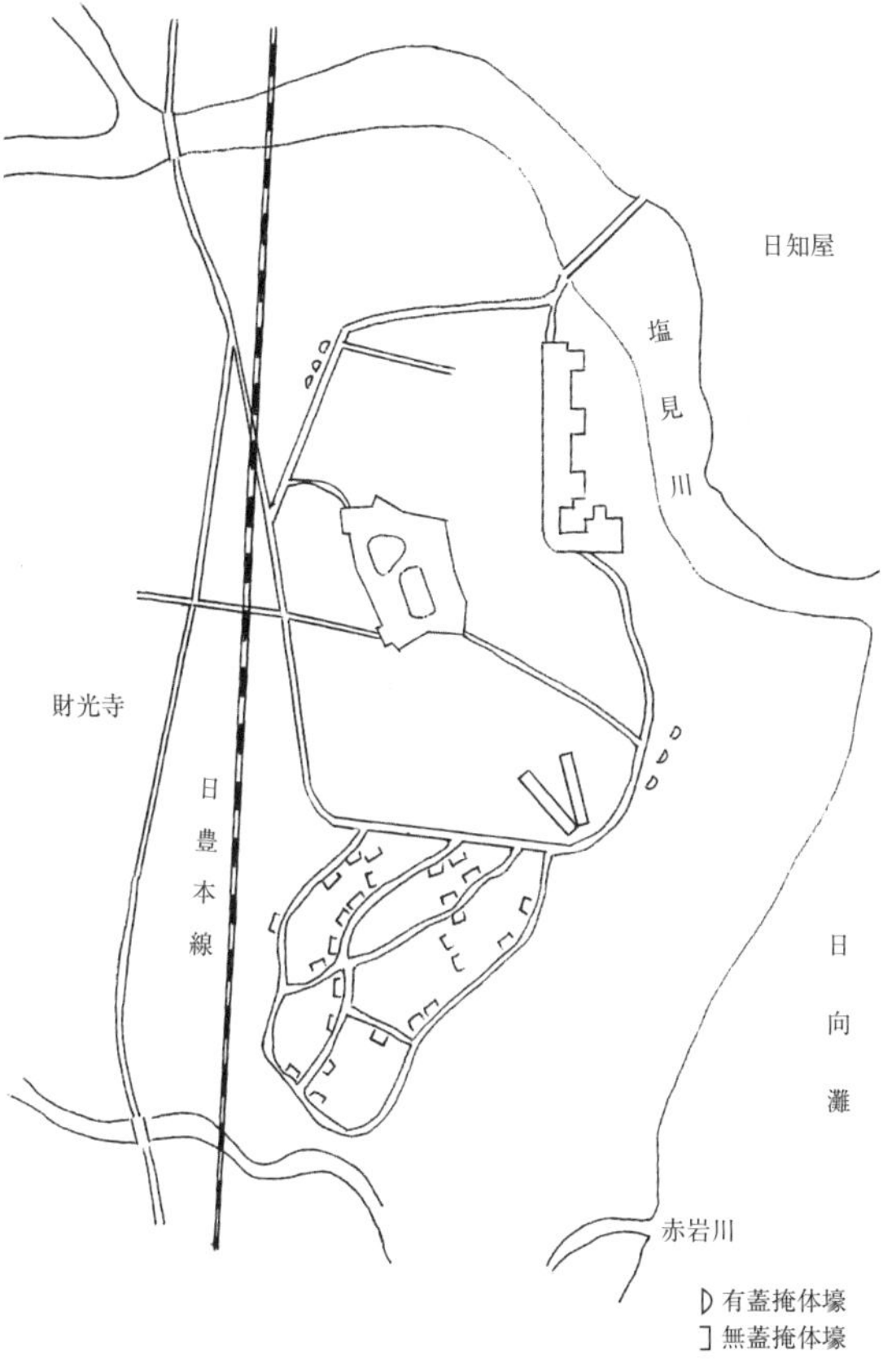

［図１］旧海軍富高飛行場跡略図
『財光寺１号掩体壕』
（平成16年３月、日向市・日向市教育委員会発行）

①掩体壕はいくつ作られたか

掩体壕は、飛行機を敵から隠し銃撃や爆風などから保護するためのもので、飛行場敷地内に作られていました。飛行機をすっぽり格納できる屋根のある掩体壕（有蓋掩体壕）と、屋根のない土手で囲むだけの掩体壕（無蓋掩体壕）がありました。有蓋掩体壕は、飛行場の西北部分の、現在の往還公民館のすぐ近くに三基ありました。さらに、海岸近くの松林の中にも四基ありました。無蓋掩体壕は、現在の重黒木自動車の横を東西に走る道路より南側の田圃《たんぼ》の中に二〇基ばかり作られました。

私は、一九八三（昭和58）年、当時勤めていた富島高校の生徒たちと戦争遺跡調査のため、財光寺地区を歩きました。その時、木村竹雄さんから掩体壕について話を聞きました.

「中の広さは約四〇坪（一三二・四平方メートル）あり、零戦が一機、羽根をたたんで二機格納できました。掩体壕は往還区内に三基と浜の方に四基ありました。しかし格納されていた飛行機といったらすべて古い壊れかけたものでした。土でかためただけの掩体壕も十ぐらい（井上忠一さんは二〇ぐらいといいます）ありました。」（財光寺往還四七五　木村竹雄さんの話　一九八三年　五七歳）

②有蓋掩体壕

掩体壕が作られる前や足りないときは、飛行機を飛行場から鉄道線路を越えて西の方へ引いて行き、樹木の茂る中や竹林の中に隠していたといいます。

飛行場内の西北部分、現在の往還公民館のところに有蓋掩体壕が三基ありました。一基は公民館のすぐ北側に、つぎの一基は公民館の西横に、三基目は公民館より少し南に離れた大平精米所にありました。このほか、飛行場近くの五十猛《いそたけ》神社境内にも一基作られていたという証言があります（原田光明さん）。

公民館のすぐ北側にあった掩体壕は、坂本自動車が修理工場として使っていたものです。塩見川河口近くにかかる大瀛《たいえい》橋から財光寺小学校前を通る道路工事の際の二〇〇四（平成16）年二月に、最後の一つとして残っていたこの掩体壕は壊されました。その跡に二〇〇八年三月、日向市によって掩体壕の碑が建てられました。そのことは前に述べたとおりです。

肉の店として利用されていた掩体壕、往還公民館西横にあった（1983年筆者写す）

大平精米所が利用していた３つ目の掩体壕
（富島高校生たちと調査　1983年筆者写す）

往還公民館のすぐ横にあった掩体壕は肉屋のお店として利用されていました。坂本自動車が使っていた掩体壕より三年ばかり前に壊されました。しかし、壊された掩体壕の基礎の部分は今も残っていますので、どこにあったかがすぐ分かります。ここよりもう少し南の大平精米所が使用していた掩体壕はこれよりもう少し早く壊されました。

③無蓋掩体壕

無蓋掩体壕は、現在の重黒木自動車の横を東西に走る道路より南の田圃の中に作られました。この掩体壕を作る作業に従事された井上忠一さんの話によれば、作られた数は二〇基ばかり、ゼロ戦（幅一二メートル、長さ九メートル）が二機入る大きさで、土手の高さは五メートル以上あったといいます。この掩体壕は四角な形で、三方を土手で囲み、一箇所は出入り口として開けてありました。掩体壕を田の中に作ったのですから、機体を引いて通る道路も必要でした。土石を埋めて作った掩体壕や道路の工事には大勢の人たちがかり出され、気の遠くなるような作業が続いたということです。

(7)　富高海軍航空基地給水施設（浄水場跡の建屋、鉄扉、給水タンク）

所在地：日向市平岩秋留地区

富高航空基地に給水した施設の浄水場跡が秋留地区（平岩下《しも》の原《はる》）に残っています。コンクリート製の門柱と、それに取り付けられた鉄製の赤くさびた門扉があります。その門を入るとすぐ右

浄水場門前の児玉継男さん

浄水場跡（門柱、門扉、ポンプ室建屋）

手に、コンクリート製の平らな屋根の建物があります。これはポンプ室でした。これらは当時のままのものです。上の写真奥の瓦屋根の家は後に建てられた民家です。

この浄水場について、浄水場のすぐ近くにお住まいの児玉継男さん（一九二六年六月二五日生、平岩惣付六二五四－一）に二〇一七年二月一一日、話を聞きました。

「この浄水場跡の門は南向きで、道路に面しています。その遙か南の向こうを赤岩川が流れていますが、当時は蛇行しながら浄水場の近くを流れていました。この浄水場から二キロほど上流の赤岩川の支流、山の田川に大斉橋《おおさいばし》が架かっています。この橋のすぐ上手に堰《せき》があります。この堰は農業用のもので、現在も使われており、戦争当時、ここから浄水場に水が引かれました。ここで取水された水は、山の田川、赤岩川の川底や川縁は鉄管を使って、田の中は焼き物の土管を埋め込んで、水を流しました。水は勾配があるので、自然に流れました。導水管は太さ一二、三センチのパイプで、田に埋めた焼き物の土管は長さが四メートルありました。私の田の中も通っていましたので、戦後はそれを掘り出し、いろいろなことに使いました。煙突にしたいという人がいたので、それを何人かに差し上げました。

浄水場まで引かれた水は、門から入ったすぐ左手にあった深さ二・五メートルぐらいの貯水槽に貯められました。貯水槽の底には砂が入れてあり、したがって、この貯水槽は沈殿槽であり浄化槽でもあったようです。そして、この貯水槽の水を裏山（比良山の南の端）の中腹にあった大きな給水タンク（槽）（直径五メートル九〇センチ）にポンプアップして、そこから富高航空基地へと

大斉橋の上手にある堰

浄水場の裏山にある給水タンク

山の斜面に見える導水管

供給したのです。裏山の給水タンクは、草木に覆われ、現存しています。」

東九州自動車道、日向ＩＣの道路のすぐ西側です。高速道建設のとき、工事区域に入るので、壊されるだろうとか埋め戻されるだろうとかいわれましたが、児玉さんの話では、結果として、壊されることはなかったということです。

浄水場から山の中腹にある大きな水槽までポンプアップするときの導水管が浄水場東の人家の裏、山の斜面に顔を出しています。（給水タンクと導水管の写真は二〇〇五年二月二六日に撮影したものです。）

児玉さんは、富高航空基地への給水のための施設はここだけでなく、塩見地区の権現原にもあったのではないかと話されました。

（二〇一七年二月）

第三節　朝鮮人帰国記念碑・記念樹

朝鮮人帰国記念碑・記念樹が日向市庁舎前の駐車場の傍らにあります。この記念碑・祈念樹は、戦争中に強制連行されて、もしくは自ら仕事を求めて、日本に来ていた朝鮮人たちが戦後祖国に帰っていくときに、記念に残したものです。このような朝鮮人帰国記念碑・記念樹は県央・県北だけでも日向市の他に、宮崎市、西都市、高千穂町、五ヶ瀬町にあります。

日向市の朝鮮人帰国記念碑・記念樹について考える前に、なぜ日本にたくさんの朝鮮人がいたのか、たくさんの朝鮮人が帰国したにもかかわらず、なぜ今もたくさんの朝鮮人が日本にいるのかについて考えてみることが必要でしょう。

一　在日朝鮮人はどのような理由で日本にいるのでしょうか

〈自分で来た時期〉

1909（明治42）年　日本が朝鮮を植民地として「併合」する前は在日朝鮮人はわずか七九〇人

でした（日本が朝鮮を併合したのは1910年）
1914（大正3）年　第一次世界大戦。好景気で人手不足のため朝鮮で労働者を募集
1920（大正9）年　在日朝鮮人三万人あまり
1930（昭和5）年　ほぼ三〇万人になる。
1938（昭和13）年　八〇万人　＊この年4月、国家総動員法公布
＊自分で来た理由　①朝鮮農村の経済が破綻
②日本の方が賃金が良かった。

〈強制連行始まる〉

1939（昭和14）年　日中戦争の長期化で国内労働力不足が深刻化。在日朝鮮人九六万人
＊内務・厚生両次官通牒「朝鮮人労務者内地移住に関する件」（39年7月28日）により、朝鮮人労働者の強制連行始まる。
1944（昭和19）年　在日朝鮮人一九三万六〇〇〇人
1945（昭和20）年　五月の推定で二一〇万人
「納得の上で応募させていたのでは、その予定数になかなか達しない。そこで郡とか面（村）とかの労務係が深夜や早暁、突然男手のある家の寝込みをおそい、あるいは田畑で働いている最中にトラックを廻して何気な

くそれに乗せ、かくてそれらで集団を編成して北海道や九州の炭鉱へ送り込みその責めを果たすという乱暴なことをした」（宇垣一成総督時代にその秘書役をやっていた鎌田沢一郎の著書『朝鮮新話』より）

〈戦後の帰国と残留〉

1945（昭和20）年
8月15日、日本敗戦。朝鮮人雪崩を打って帰国。自分たちで船を借りたり、買ったり、釜山からの日本人引き揚げ船を利用して、博多、下関、仙崎などから帰国

1946（昭和21）年
3月18日、GHQの命令で日本政府によって朝鮮人、台湾人の登録が行われた。在日朝鮮人の登録六四万六九四三人（この時までに一四〇万人が帰ったことになる）

GHQの命令で、四月より日本政府は大陸からの引き揚げ船が帰るとき朝鮮人を乗せるという計画輸送をはじめた。

1947（昭和22）年
帰国熱が冷め、48年になると定着しはじめる。

その理由は、①南ではアメリカの軍政が行われ、48年、李承晩を大統領に据えた。これに対する抵抗闘争が起こり、帰っても生活の見通し立たず。②一人当たりのお金の持ち帰りを一、〇〇〇円以内に抑えられたので、故

郷に生活基盤のない人は帰れなかった。

＊1980（昭和55）年になっても主要国籍別外国人登録者数七八万二九一〇人のうち韓国・朝鮮人は六六万四五三六人（84・9％）、中国人は五万二八九六人（6・8％）、アメリカ人は二万二四〇一人（2・9％）で、韓国・朝鮮人の占める割合が圧倒的に多かった。

【右の年表および＊印は『日本による朝鮮支配の40年』（姜在彦著、朝日文庫）より作成】

二　朝鮮民主主義人民共和国帰国記念碑と記念樹

所在地：日向市役所前駐車場の南隅

記念碑は、免震構造を採用して建て替えられ、二〇一八（平成30）年五月一日に落成した新庁舎の正面玄関後方、駐車場の南隅に記念樹とともに移設されました。旧庁舎の東側にあったときより人目につきやすくなったのではないかと、私は喜んでいます。

記念碑正面に「朝鮮日本両国民の永遠不滅の友好親善万歳」と書かれ、右側には「朝鮮民主主義人民共和国帰国記念植樹　日向市帰国者一同」とあり、裏面に「一九五九年十二月六日建之」と書かれています。

旧庁舎の東側にあった記念碑と記念樹の場所には、全龍珠さん（日本名山本）の案内で行き、説明も受けました。記念樹はヒマラヤスギで、この記念碑の両側に一本ずつ植えられました。記念碑と記念樹は、はじめは、現在、機関車公園になっているところにありましたが、その場所が公園になるとき、「記念碑・記念樹として、人目に付く良い場所に」ということで、旧庁舎東側に移されたということでした。

この記念碑を建てた帰国者は「五、六家族だったと思います」と全龍珠さんは話しました。

この記念碑と記念樹が、市庁舎改築のため、一時、仮置場に移されましたが、写真で見るとおり、新しい場所に設置、移植されました。

記念碑正面（北向き）

記念碑と記念樹のヒマラヤスギ
写真奥は新庁舎

三　日本へ強制連行された全龍珠さんの話

私（福田）は、二〇〇四（平成16）年六月一三日と二六日に全龍珠（日本名山本春吉《はるよし》　日向市上町在住。一九一六年二月二三日生）さん宅を訪問して、全さんのこれまでの生活の様子を詳しくお聞きしました。

私は、朝鮮人帰国記念碑が日向市にあるのかどうか、あるとすればどのような経過で建立されたのかを知りたくて、全さんを訪問したのでした。ところが、期せずして全さんが日本に拉致連行され、これまで苦しい生活を送ってこられたことをお伺いすることになったのです。

全龍珠さん（2004年６月撮影）

全さんは次のように語りました。

「私は、慶尚北道尚州邑の出身です。父は母国語の先生でしたが、国が日本の植民地になって臣民教育に変わったため、失業しました。そのため、父は大工を見習いではじめました。家はひどく貧乏でした。私は学校へ行かず父に習いました。その後、家族は慶尚南道密陽郡三浪津面に移り、病身の父と母、肘をけがしていた兄、それに妹の五人で暮らしていました。元気で働けるのは私一人でした。

私が一八歳の時（一九三四年）でした。その日は、山でとった薪を街に売りに行き、売った薪の代金で粟を二升買って帰るところでした。三沢津駅から二〇〇メートルばかり離れたところの警察署前を歩いていると、後ろから「こら、待て」と怒鳴られました。立ち止まったところ、私服二人と制服一人の警官（多分日本人と思う）から力ずくで拉致されました。引っ張って行かれたところは駅前広場で、そこに止めてあった黒いトラックに乗せられシートをかぶせられました。中には既に六、七人の人がいました。

トラックは走り出し、着いたところは釜山でした。そこでは、たくさんの人たちと一緒に大きな貨物船に乗せられ、着いたところは大村湾内のどこかでした。私たちは小さめの船に乗り移され、今福に来ました。後で分かったことですが、私たちのグループは三八〇人でした。私はこのようにして日本に連れてこられましたが、家では私が帰ってこないので八方探して、悲しんだことと思います。働き手がいなかったので、どうしているか心配でたまりませんでした。（「拉致されて来た」というのは気分が悪い。なかなかいえない。だから、そのことを伏せている人が多い。自分で来たという方が聞こえがいいと、全さんは話しました）。

今福炭鉱で働くことになったのです。丸竹で作られ、床も丸竹の家に住まわされ、食堂も竹小屋でした。麦にからいもの入ったもの、芋が腐っていたのか、にがくて食べられなかった。海水の味噌汁だった。煙草銭だけくれて、残りは貯金だと言ってくれませんでした。二二歳の時（一九三八年)、炭鉱が閉鎖になって放り出されてしまいました。家に帰りたいと思いましたがお金がなくて帰れませんでした。

佐世保に行き、そこで朝鮮の人に出会いました。その人の息子さんの関係で熊本に行き、送電線の仕事をするようになりました。熊本に行こうとしたとき、協和会手帳がないと乗り物にも乗れなかった。そのため、熊本で山本春吉の名前になり、協和会手帳を手に入れました。

＊協和会：日本内地に居住する半島人＝朝鮮人を教化することを目的に掲げた組織

熊本で送電線の仕事をするうちに、仕事の関係で宮崎県諸塚村に来たのです。椎葉村の大平ダム建設現場で送電線工事の仕事もしました。椎葉では知人と道路工事をするようになり、一九四二年(二六歳)には、結婚しました。子どもは四人です。

その後、宮崎県林務課の仕事をしたこともありましたが、戦後の一九四六(昭和21)年五月一二日、富高に出てきました。国に帰りたい気持ちがあったからです。亀崎に朝鮮飯場があったのでそこに行って聞いたら、祖国は大変で帰れないということでした。それでも帰りたいと思い下関まで行ってみましたが、そこは帰国を望むものすごい人の群れでごった返し、食べ物はないし、寝るところもなくて、あきらめて富高へ戻るより他ありませんでした。

富高では古物商をしたり、訪問販売をしたりしましたが、その後、衣料品店を出すこともできました。

日本に拉致されて以後、国に帰ったことはないし、親・兄弟と連絡が取れたこともありません。私自身がこの歳（二〇〇四年、八八歳）になりました。」

［参考文献］『日本による朝鮮支配の四十年』　姜在彦著　1992年9月1日発行　朝日文庫
『朝鮮人強制連行』　外村　大著　2012年3月22日発行　岩波新書

（二〇一九年四月）

第四節　呉警備隊富高特設見張所と電探用発電所跡

一　安藤義春さんの現地案内と説明

旧東臼杵郡岩脇村大字平岩（現日向市大字平岩）に、海軍呉鎮守府の呉警備隊富高特設見張所が置かれ、そこに兵員一〇〇名ほどの富高派遣隊が派遣され、駐屯していました。この部隊は、電探によって情報を集める任務と、隊員に対する電探業務の教育も行っていました。

一九九九（平成11）年一二月二一日、宮越利明さん（故人）と筆者の二人は、安藤義春さん（昭和八年生、当時六六歳、平岩二五六番地在住）にこの部隊に関係する現地を案内してもらいました（写真五枚はこの日筆者が撮影したものです）。

日豊本線南日向駅（旧岩脇駅）の西側に平岩地蔵尊のある通称地蔵山が聳《そび》えています。安藤さんは、その山裾の自宅から山へ登りはじめました。地蔵尊の右手、安藤さんの自宅前の道がまっすぐ地蔵山へと直線で登っています。「この道が当時、基地隊員が通った道です。毎日、ぞろぞろ通りました」。現在は雑木林ですが、当時は松の山だったといいます。地蔵尊より少し高く登

［上］電探が建っていたという場所で語り合う安藤さん（左）と宮越さん（右）

［左上］見張所の跡に建つ大師堂
［左下］御名崎ノ鼻に建つ慰霊碑

ったところが平らになっており、そこに電探（レーダーのこと。電波探信儀の略。海軍は電波探信儀、陸軍は電波警戒機といった）が建てられていました。「レーダーは半円形で長さ五メートルぐらい、高さは一二、三メートルぐらいあった」といいます。「隊長が、松の木が邪魔になるといって、部下を怒鳴りつけ、木に登らせて途中から切らせていた」と安藤さん。落ち葉の下にコンクリートブロックがいくつも残っていました。

安藤さんは、レーダーは平岩地区に三基あったといいます。「地蔵山に二基、御名崎《みなさき》ノ鼻《はな》に一基ありました。地蔵山のもう一基は地蔵尊の裏を登った辺りでしたが、市の公園造成工事で削り取られました。この二基のレーダーの中央のさらに一段高いところに二階建ての見張り所がありました。今、その跡にお大師さまが祭ってあります。敷地はおよそ五〇坪です」。私たちはそこにも案内してもらいました。なお、御名崎ノ鼻にも一基あったといいますが、その場所には、一九五三（昭和28）年建立の忠魂碑と刻まれた戦没者慰霊碑が建っています。

二基あったというレーダーの中央の辺りを下った山裾、人家の裏にレーダー用の発電所跡があります。空襲でレーダー用の送電線が被害を受けても困らないように、山肌に食い込むようにコンクリートの横穴壕が作られ、その中に発電機が据え付けられていました。現在、入り口は金網で覆ってありますが、自由に出入りできます。入り口の幅は三・二メートル、高さは三メートルで、奥行きは一〇メートルほどです。奥の方に発電機を据え付けたと思われる箇所があります。ここが電探室としても使われたのではないかと思われます。

発電所壕前に立つ安藤さん

安藤さんは部隊の様子を次のように話しました。「隊長関野勲少尉以下約一〇〇名の隊員がいた。隊長は渡辺病院長宅を宿舎にしていたが、隊員の兵舎は現在の平岩小学校（二〇〇六年四月一日より平岩小中学校になった）の校門の辺りに二棟あった。兵たちは、名和さん宅（平岩二六九番地）の横に毎朝集合させられた。そこで下士官から毎朝のように

『歯をくいしばれ』といって殴られていた。それを小学生の僕らは見ていた」。お腹をすかした兵たちが私の家に「毎日五人も六人も来ていた」とも語りました。

二　宮越さんの「聞き取り調査」に答えた元隊員、宮尾さんの話

当時子どもだった宮越さんは、部隊の兵舎があったすぐ近くに住んでいました。兵隊さんが家に遊びに来たり勉強を見てもらったという宮越さんは、一九九四（平成6）年九月九日、この部隊の技術下士官であった宮尾卓三さんに面接して、二一項目の質問をし、「平岩の電波探知機（レーダー）基地についての聞き取り調査」と題する、四ページのメモを残しています。

発電所壕内に立つ宮越さん

宮越さんが話を聞いた宮尾卓三さんは、復員後数年間は郷里の広島県西条町（現東広島市）で過ごしましたが、その後、妻の郷里（日向市）に近い宮崎市で㈲宮尾電技商会を設立、経営され、会社は現存しています。宮越さんの質問に対する宮尾さんの答えを以下に概略書きとめることにしましょう。

「基地の正式名称は」との質問に対し、「呉鎮守府富高派遣隊」との答えです。基地が建設されたのは「一九四三（昭和18）年四月頃でした」。レーダーが建設されていた場所は「御名崎ノ鼻の現在忠魂碑が建てられているところに一基、平岩地蔵尊の隣接地に三基です」。基地に対空機関砲などはなく、「武器は小銃五丁、手投げ弾一〇個だけ」。隊員数は「定員三〇名だったが、常時一〇〇名ほど派遣されていた」。隊長は「技術将校である関野勲少尉で、宿泊先は平岩の渡辺病院長宅でした」。

「この基地に派遣されるまでに隊員が基礎訓練を受けた養成機関は」との問いに「山口県の防府海軍通信学校、その他のところで約六カ月間の講習を受けていた」。「富高航空基地の通信隊と連絡は取られていましたか」との問いに、「呉鎮守府の直轄だったので、取っていなかった。情報は呉鎮守府、鹿児島県鹿屋の第五航空艦隊に送っていた」。「平岩のレーダー基地で電波探知の訓練をし、各レーダー基地や戦線に転進していった」。「一九四五年三月十八日以来、艦載機による機銃掃射で兵舎は蜂の巣状態になった。周辺の民家も同様の被害を受けた」。このレーダー基地の隊員だった人たちの「戦友会はありません。その理由は、駐留期間が短かったことと、他の基地や戦場に転進したことも手伝ってまとまった隊員名簿もありません」。

宮越さんの「聞き取り調査」に答えた宮尾卓三さん

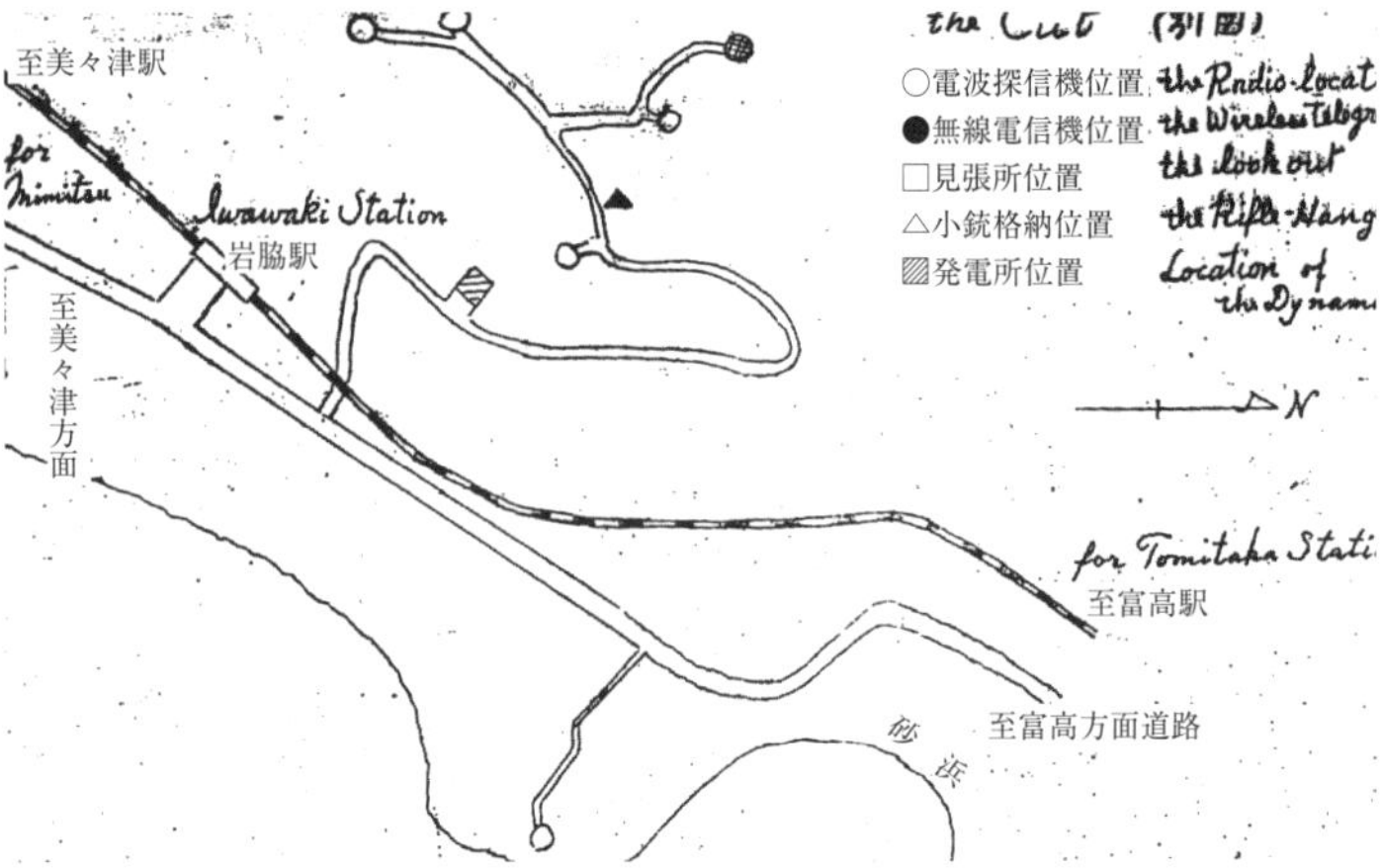

［図２］富高特設見張所関係地図（引渡目録186の1230ページ）

三　米軍引渡目録と付属地図が示すもの

東京都目黒区中目黒に防衛研究所図書館があります。ここに「①引渡目録１８６『熊本・佐賀・宮崎引渡目録　第二復員局』」という史料があります。この史料は、敗戦直後、日本軍関係者が米占領軍に武器や弾薬、その他あらゆる軍需物資を引き渡したその記録です。

この引渡目録の一二二八ページは、

富特見機密殘第１０１號ノ１　昭和20年９月25日

目録

と書かれており、次の一二二九ページは武器のリストが掲載されています。そこには、

二式一号一型改三電波探信儀（２）

二式一号二型改三電波探信儀（１）

三式一号三型　電波探信儀（２）

この他、無線電信機（1）、受信機（1）、全波捕信機（1）、自動発電機（1）、小銃（17）、小銃弾（2340）、防毒面（17）などの記載があります。

そうして次の一二三〇ページに前ページのような地図が掲げられているのです。

引渡目録の一二二八ページに書かれている「富特見」は「富高特設見張所」の意味で、この見張所で任務に就いた部隊が「富高派遣隊」でした。電波探信儀設置場所が五カ所あり、発電所の位置も示されています。二階建てだったという見張所はこの地図の上にはみだしたためか、その位置が示されていません。

［参考文献］「①引渡目録186『熊本・佐賀・宮崎引渡目録　第二復員局』」防衛研究所図書館蔵

（二〇一七年六月四日）

第五節　陸軍西部軍航空情報隊「島隊」と「みたてのいけ」跡

戦争末期、日向市細島には、空から攻めてくる敵の情報を素早く把握するための航空情報隊という陸軍部隊が駐屯していました。その部隊はどんな部隊だったのかをはじめに紹介し、その後でこの部隊が残した戦争遺跡を見ることにしましょう。

一　父の足跡を確かめに来た池田兼一さん

二〇〇二（平成14）年六月、東京・調布市在住の池田兼一さん（このとき六九歳）が、日向市細島に駐屯していた部隊の一兵士だった父の足跡を確かめたいと細島を訪れました。池田さんの父儀次郎さんは、太平洋戦争末期、陸軍の通信兵（伍長）として一時期、細島で過ごしました。そのことは、儀次郎さんから家族に宛てたはがきに細島郵便局の消印があったことでわかりました。儀次郎さんは、一九四四（昭和19）年の六月いっぱい駐屯していたこともわかりました。戦争中のことや戦争遺跡に関心の深い伊藤喜造さん（日向市細島在住）、黒木弘茂さん（細島、故人）、宮越利明さん（日向市財光寺、故人）らが池田兼一さんに協力して、儀次郎さんの所属部隊の跡を探しました。

儀次郎さんは、一九四四年二月、三十七歳のときに召集され、翌四五（昭和20）年四月にフィリピンで亡くなりました。息子の兼一さんは、父の足跡をたどろうと細島を訪れ、フィリピンにも行きました。父の歩いた道を確かめ、亡くなった場所を特定したいとの強い思いに突き動かされての行動だったのです。

二〇〇三年九月にも日向市を訪れ、父の部隊の跡を訪ね、その年の一二月に開催された日向・平和のための戦争展にも参加して、父の部隊に関する展示を行いました。また、この戦争展で部隊について少しでも知っていることがあれば、情報を寄せてくださいと訴えました。

池田さんは、地元の人たちの協力を得て、部隊の兵舎跡、給水池「みたていけ」、かまど、防空壕などを確認して帰りました。

二　細島に駐屯した「島隊」

儀次郎さんが所属した部隊は、西部軍司令部直轄部隊の西部軍航空情報隊（師八〇七四・本部福岡市・隊長浜田八郎陸軍中佐）の細島駐屯部隊・島隊（隊長・小西敏夫陸軍大尉）でした。島隊の「島」は駐屯地名の細島の島をとったものです。

西部軍航空情報隊については、戦史叢書の『本土決戦準備〈2〉――九州の防衛――』(76～78ページ)と『本土防空作戦』(284～7ページ)に簡単な説明があります。先ず『本土決戦準備〈2〉――九州の防衛――』によれば、「西部軍防空情報隊」が昭和十八年五月十八日に編成されたが、この部隊は後に第十九飛行団司令部情報隊と電波警戒機乙の設置位置で一緒に勤務するようになったため、これらの部隊が合同して一九年六月二六日、新たに「西部軍航空情報隊」が編成された、と述べられています(76ページ)。これに続けて、次のような説明があります。

「航空情報隊は七コ警戒隊(約二〇〇～二五〇名)、一コ監視隊(約六〇〇名)、一コ通信隊(約一二〇〇名)からなり、一警戒機(乙)について一コ警戒隊を編成し、これに通信隊及び監視隊の一部を配属して、情報収集に当たり、警戒機(乙)の配置は済州島、権現山(佐賀市北側筑紫山地)、五島、下甑島《こしきじま》、雲仙、佐多岬(愛媛県西端)、細島(宮崎市北側富高東方)、足摺岬などであった」(78ページ)。

また、戦史叢書の『本土防空作戦』の二八七ページには、「西部軍航空情報隊配置要図」が掲げられています(次ページ)。その地図には三二番電波警戒機(乙)の設置地名として細島があります。

これらの説明や地図から、細島には電波警戒機(乙)が設置されていたことがわかります。したがって、一コ警戒隊が配置され、約七分の一の通信隊と七分の一の監視隊が配属されていたと

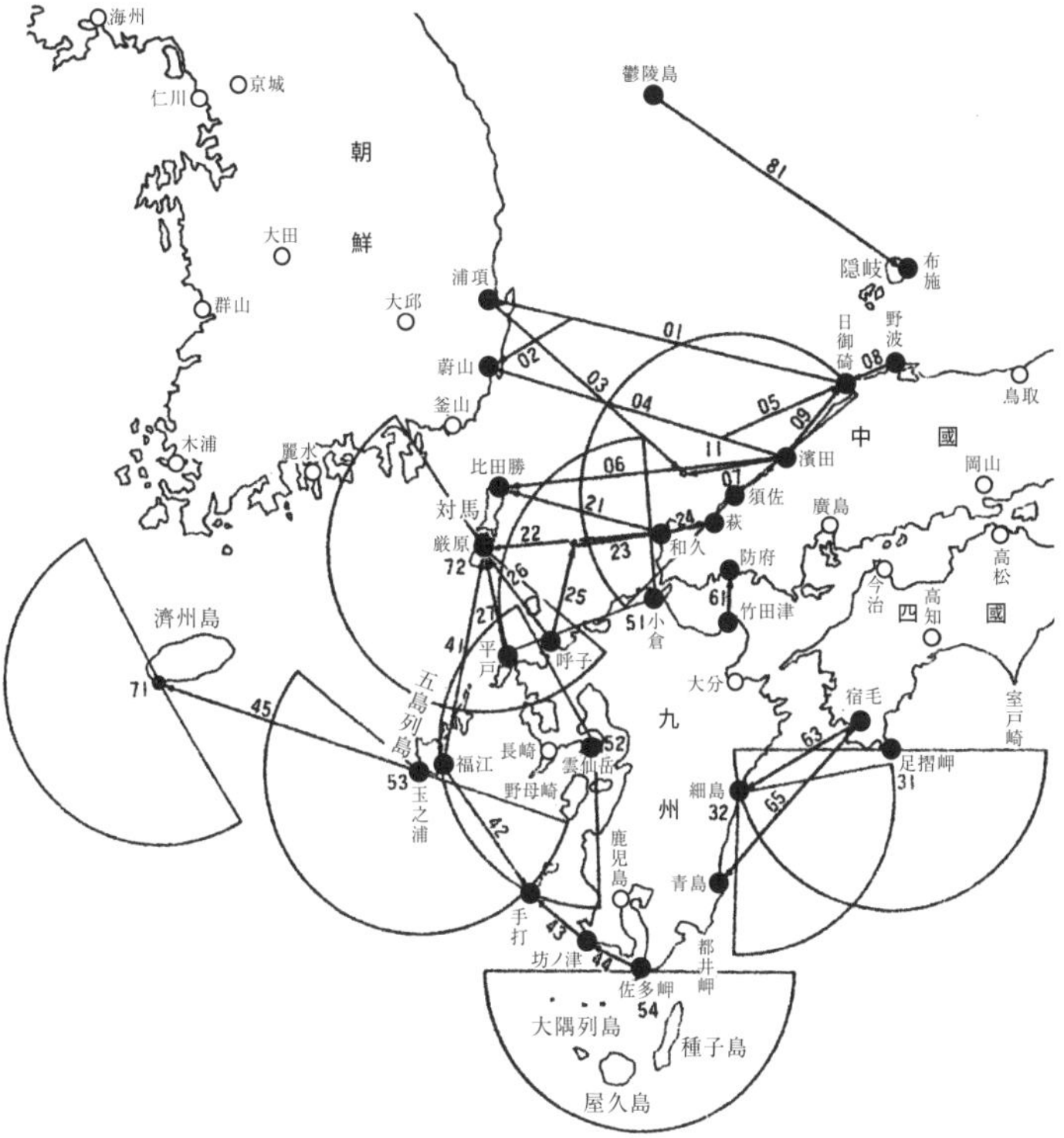

備考

1.――は警戒機甲の警戒線を示す。

は警戒機乙の警戒範囲を示す。

2.数字は警戒線または警戒機の番号を示す。

3.本図は「西部軍航空情報戦闘詳報」に基づき筆者が作成した。

注

● 警戒機のある地点（日視監視隊を除く）

○ 単なる地点

［図３］西部軍航空情報隊配置要図
電波警戒機（乙）が配置された細島は32番

考えられます。そうだとすれば、その兵員数は、およそ二五〇名＋一五〇名＋八〇名、つまり五〇〇名ぐらいだったのではないでしょうか。

地元細島の人びとの話では、島隊の隊員は、兵舎（九棟あったという）だけでは入りきれず疎開で空いた民家にも住んだということです。兵舎が建っていた跡には石垣が残っています。

戦史叢書『本土決戦準備〈2〉――九州の防衛――』の七八ページには、電波警戒機についての注が付けてあります。その注を引用しておきます。

注　電波警戒機甲は線警戒方式で、出力を異にする四種類があり、警戒距離は八〇～三五〇粁《キロメートル》である。電波警戒機乙は要地用と野戦用があり、要地用は固定式で送信機の電波発射範囲は約九〇度、受信機の受信角度は約三〇度であるが野戦用は送受信兼用の回転式で四周の警戒ができ、警戒距離はいずれも約三〇〇粁である。

三　島隊関係の遺構

米ノ山山頂付近や山麓に島隊が残したと思われる施設や防空壕などがあります。

(1)　兵舎跡

米ノ山の北側山麓、民家の裏から藪《やぶ》に入ると、すぐ数段にわたって宅地跡らしい石垣が見られ

兵舎跡の石垣（2018年１月）

ます。なだらかな地形の所なので、高い石垣ではなく、二〜三段の石積みです。地域の人たちの話では、兵舎は九棟あったといいます。

戦後には、米ノ山全体で段々畑が開墾され、そのための石垣も築かれたでしょうから、その石垣と兵舎跡の石垣を区別することは難しいのですが、兵舎跡そのものも畑に利用されたことでしょう。

この兵舎跡から谷沿いに少し登ると「みたてのいけ」に行き着きます。

(2) 給水池「みたてのいけ」跡

兵舎跡を五〇メートルほど登ると小さな谷をせき止めるようにコンクリート製の堰があります。堰の幅は約一五メートル、高さは、谷底から約四メートルで、頑丈な構造になっています。谷の下手から見ると、中央より右手のところに、右から左へ平仮名で「みたてのいけ」と書かれています。さらに、「み」の字の下の所に、同じく右から左へ竣工昭和十九年七月、その下に隊長陸軍大尉小西敏夫と書かれています。（次ページの写真の人物は、一番奥の人が黒木弘茂さん、その手前が中岡智徳さん、木の枝を杖にしている人は黒木弘茂さんの友人だと思われるが名前がわからない。この人たちが案内してくれました）。

「みたてのいけ」は「御楯の池」と書くのでしょう。「御楯」は天皇を守るための盾となって働くという意味で、戦時中はよく使われたことばでした。

この堰にためた水は、ここより少し離れた兵舎用の飲料水などとして使われたのでしょう。い

御楯の池の外観（2004年９月）

平仮名で「みたてのいけ」と書かれている

堰の内側（土砂で埋まっている）
（堰の上に立つのは村上義徳さん、2004年10月）

ま、この谷に水は流れていませんが、「戦後、私たちが小さい頃は水がいっぱいあってここで水浴びをした」と、案内の人は話しました。

(3) 島隊のかまど

コンクリート製のかまど

米ノ山頂上から北側に一〇メートルほど下ったところに、コンクリート製のかまどがあります。そのかまどには、焚き口の付いた大きな穴が二つ、かまやなべをかけられるようにできています。この二つの穴の中央部にはやかんでもかけられるような小さめの穴があり、焚き口も付いています。このかまどは米ノ山頂上に電波警戒機を設置して活動していた島隊が使ったものではないかと考えられます。

二〇〇三(平成15)年九月、ここを訪れた池田兼一さんは、正面に「鎮魂　元西部軍情報聯隊　故池田儀次郎」と書き、その側面に「安らかにお眠りください」と、さらにその側面に「息子　池田兼一」と書いた高さ五〇センチほどの鎮魂碑をかまどに立てました。そして、お酒も供えました。池田さんは、「父が過ごし

便所跡（右に同じ）

水槽跡（人物は中岡さん　2018年１月）

た地に立てたことで、少し気持ちが落ち着きました」と述べました。

(4)　水槽と便所の跡

かまどの近くに一〇坪ほどの平らなところがあります。ここに小屋を建て、調理や食事などを行っていたのではないかと思われます。この場所のすぐ近くに、コンクリート製の直方体で一側面の壊れた水槽だったと思われるものがあります。

ここから少し下ったところには、水槽より小さめのコンクリート製の直方体のものが地中に埋め込まれたようになっています。くみ出し口と思われる部分があることから、これは便所だったと思われます。二〇一八（平成30）年一月二九日、中岡智徳さんの案内で現地を見ました。

(5)　横穴防空壕

北の斜面をかまどからさらに一〇メートルほど下ると横穴壕が

壕と繋がるトンネルの跡

左側の壕（入口が少し崩れ落ちている）

一〇メートルの間隔を置いて二つ並んでいます。両方とも、入り口部分が少し崩れ落ち、崩れた土砂が入り口に堆積しています。

左側の壕は、間口三メートル、奥行き一五メートルぐらいで、奥はT字形をしています。この壕は、単なる防空壕ではなく、頂上に立ててあった電波警戒機と結んだ映像管や本部への連絡用通信機などが設置されていたのではないでしょうか。壕内は素掘りのままの状態です。

この壕は山の上の方とトンネルで繋がっていました。トンネルは崩れていますが、その跡はくっきりと残っています。中岡さんは子どもの頃、トンネルを通って壕に出入りしていたといいます。二つある壕の右側のものもほぼ同じ大きさですが、まっすぐ奥に伸びているだけでT字形ではありません。

四　米ノ山山頂に置かれた防空監視所

日向市細島出身の河野健治氏（故人）の著書『故里とともに』（昭和五四年一月発行）によって米ノ山の山頂に置かれた防空監視

所について紹介します。

著者の河野健治さんは、「県より細島防空監視哨長を命ぜられたのは、昭和十六（一九四一）年七月十五日で、細島と日知屋の青年五十数人で監視班を編成した。……班長以下七人が二十四時間勤務で、二人ずつ交代で監視に当った。直通電話は警察署に通じて居り、松の木陰に小屋を建てて勤務した。時々深夜に登山して巡視していたが、見回りに行くたびに小屋では充分に休息もできず監視もおろそかになると思い、十八年の三月に堅固な監視所建設を計画し、実行に移った」と、書いています。

＊哨の字は物見とか見張り、また見張りの番所を意味します。防空監視哨は空からの敵を見張る防空監視所と同じ意味に使われていました。

米ノ山の山頂にあった防空監視所の跡

同書によれば、監視所建設は、監視班の青年たちや富島町全域の青年、学生、生徒の勤労奉仕により進められました。国民学校の児童は五、六年生以上が砂運びに従事しました。建設に必要な木材は監視哨長の河野さんが提供し、資金は近辺の町村を回って寄付を集めました。奉仕の人たちは〝手弁当〟(無償)でした。このようにして一九四三年一二月七日に鉄筋コンクリートの監視所が完成しました。

「この監視所は太平洋戦争末期には民間管理から軍管理に移された。『幾度か米軍機の機銃掃射を受けたが、良くこれに耐えて全員無事に任務を果し得た』と兵士に喜ばれたものである」、と河野さんは書いています。

この監視所は、戦争末期に民間管理から「軍」管理に移されました。軍管理に移されたのは、一九四四年のことではないでしょうか。その「軍」というのは、一九四四年の六月に細島に駐屯していた「島隊」のことに間違いないと思います。島隊の南方進出後は再び民間管理に移ったものでしょう。

(二〇一八年六月二六日)

【参考文献】戦史叢書『本土防空作戦』(東雲新聞社)
戦史叢書『本土決戦準備〈2〉』(東雲新聞社)
『故里とともに』(河野健治著　1979年1月10日発行)

第六節　望郷の歌碑

——特攻戦死した髙崎文雄の歌碑——

グリーンパークに建つ「望郷の歌碑」

一　望郷の歌

日向市、日向岬グリーンパークの東端、海がよく見えるところに「望郷の歌碑」と　呼ばれる大きな自然石でつくられた歌碑があります。その歌碑には次のような歌がきざまれています。

みんなみの雲染む果てに散らんとも
　くにの野花とわれは咲きたし

この歌は、一九四四（昭和19）年一〇月二二日に、特攻兵士として戦死した髙崎文雄さん（当時一九歳）が、戦死する前に妹さんに書き送ったはがきの中に書かれていたものです。

髙崎文雄さんは、細島小学校、旧制延岡中学校を経て、第一〇期甲種飛行予科練習生となりました。茨城県の土浦海軍航空隊で訓練を受けた後、戦地へ赴きました。行き先はサイパン、そしてフィリピンでした。

髙崎さんは、はじめ大学に進むと言っていました。しかし、男子は軍人になること、女子は従軍看護婦になることがすばらしいことだと教えられる時代でしたから、真面目で正義感の強い、しかも立派な体格の青年だった彼は、次第に、軍人になろう、一日でも早くなろう、と考えるようになりました。中学四年生の時に（当時の中学校は五年生までありました）、憧れの予科練に志願して入りました。これは髙崎さんが一六歳、一九四一（昭和16）年のことでした。予科練に進んだ同級生は他にも三人いましたが、その中の一人も戦死しました。

二　最初の特攻隊

一九四四年六月のマリアナ沖海戦で日本海軍は壊滅的打撃を受けました。日本はその結果、七月にサイパンを落とされ、マリアナ諸島を失いました。サイパンに基地を置いたアメリカ軍は、そこから連日のように大規模な日本本土空襲を行うようになりました。

この状況下で大本営は、残存兵力を投入して、可能な限り敵に打撃を与え、本土防衛体制を作るための時間を稼ぎ、併せて有利な講和条件を作り出そうと考えました。そこで立てられたのが「捷《しょう》」号《ごう》作戦でした。この作戦は、昭和一八（一九四三）年九月時点の「絶対国防圏」防衛線を、フィリピン・台湾・南西諸島・本土・千島のラインに後退させ、この地域を四つに分けて、捷一〜捷四号作戦によって迎撃体制をかためようとするものでした。

「作戦はつぎのように描かれる。第一に空母艦隊を主力とする敵機動部隊の攻撃にたいしては、まず、台湾・フィリピンの基地航空部隊が、『機略に富む短切なる攻撃を以て敵を奇襲して之を漸減《ぜんげん》』する。第二に敵が上陸部隊をともなって上陸地点に来たならば、まず、わが遊撃隊が出動して敵の機動部隊をうまく誘い出し、できるだけ上陸地点から遠い北方へ導いて上陸兵力を孤立させる。そこで初めて、わが主力艦隊が基地航空力の護衛のもとに姿を現わし、手薄になった上陸地点の輸送船団に突入し、上陸兵力を殲滅《せんめつ》する、というのである。」（『日本の歴史』第25巻「太平洋戦争」361ページ）

上陸地点に達した敵輸送船団への主力艦隊の攻撃は、全軍にとって是非とも成功させなければならない作戦と考えられていました。連合軍はレイテ上陸作戦を採ることが明らかになりました。そして、一〇月一九日になると敵の全貌を偵知することもできたのです。そこで、日本軍はレイテ沖海戦を最後の決戦と決め、一〇月二五日、栗田艦隊がレイテ湾に突入することになりました。その艦隊を援助するため、特攻隊が初めて編成され出撃しました。

特攻隊の創始者は海軍中将大西滝治郎です。彼は、マリアナ沖海戦で日本軍が大敗した頃から、特攻を考え始めたといわれています。

大西中将は、レイテ沖海戦の直前、一〇月五日に軍需省航空兵器総局総務局長から第一航空艦隊（以下一航艦と略）司令長官の後任予定者に発令されました。東京を離れた大西中将は一七日、マニラの一航艦司令部に到着しました。「この日、米軍はスルアン島に上陸して来ていた。連合軍の比島進攻の気配がにわかに濃厚となったにもかかわらず、これから自分が率いようとする一航艦の兵力が話にならぬほど僅少であることを同中将は知った。……しかし、決戦まであと幾日もなく、また航空兵力も弱小の現状では、もはや体当たり攻撃の実施に踏み切るほかないと大西中将は決断した。」（戦史叢書「海軍捷号作戦」〈2〉109ページ）

大西中将は、一〇月一九日、マニラ北方のクラーク基地にある第七六一航空隊の司令と飛行長をマニラに呼び、特攻実施の意向を伝えました。中将はさらにその日夕刻、クラーク基地よりもう少し北のマバラカット基地にある第二〇一航空隊本部に行きました。早速、同航空隊（以下空と略）の副司令玉井浅一中佐ほか主だった者を集めました。大西中将は、「一航艦としては、是非とも第一遊撃部隊（連合艦隊栗田艦隊）のレイテ突入を成功させねばならぬ。そのためには、敵の機動部隊を叩いて、少なくとも一週間位、空母の甲板を使えないようにする必要があると思う。それには零戦に二五〇キロ爆弾を抱かせて体当たりをやるほかに、確実な攻撃法はないと思うが……」（同書111ページ）とはかって同意をえました。

二〇一空司令の山本榮大佐が足骨折入院のため、代わって大役を引き受けることになった副司令玉井中佐は、早速人選に着手しました。中佐は、第九期乙種飛行予科練習生出身の搭乗員から人選を行いたいと思いました。九期出身の搭乗員は一航艦の二六五空に入隊して以来ずっと玉井中佐と一緒でした。中佐は、同空の司令で、彼らを熱心に教育しました。玉井中佐が副司令となった二〇一空に彼らもまた編入されたのです。人数は苛烈な戦闘で当初の三分の一の三〇名になっていましたが、戦闘意欲は旺盛でした。そんなわけで、中佐は常日ごろ、彼らに何とかしてよい機会を見つけて立派なお役に立たせてやりたいと考えていたということです。

玉井中佐は、隊長と相談してこの九期練習生に集合を命じました。集まった搭乗員は二三名でした。特攻隊の話をすると彼らは喜んで賛成したといいます。次に、指揮官の人選に入り、海軍兵学校第七〇期の関行男大尉が決まりました。

こうして二四名の人選が終わり、この体当たり攻撃隊は四隊に区分され、敷島隊、大和隊、朝日隊、山桜隊と命名されました。大西中将は、二〇日午前一〇時、特別攻撃隊全員を二〇一空本部に集め、門出の激励と訓辞を行いました。

その後、一〇月二二日から二六日までの間に、さらに零戦四隊（菊水、若桜、葉桜、初桜）および彗星《すいせい》隊（彗星一機――一〇月二五日）が編成されました。

前掲「海軍捷号作戦〈2〉」は、「出撃、決戦日までの空母撃破成らず」という見出しで次のように書いています。「大和隊は編成当日直ちにセブに進出した。また朝日、山桜の各隊は二三日に、そして菊水隊は二四日にダバオにそれぞれ進出した。かくて二四日までに、マバラカットにあったのは敷島隊だけとなった。各隊は二一日から空母攻撃に出撃したが、決戦日までに、いずれも敵を捕捉できなかった。」（115ページ）

しかし、二五日になってダバオ発進の朝日、山桜、菊水各隊は、隊編成以来初めて敵空母の捕捉に成功しました。そのうち、菊水隊の一機が、大型空母の艦尾に命中し、艦に火災を起こさせました。二五日にマバラカットを発進した関行男大尉指揮の敷島隊も、空母四隻、巡洋艦、駆逐艦など六隻の一群を発見し空母めがけて突入しました。零戦二機が一隻の中型空母に命中、同空母は沈没、一機の命中を受けた別の中型空母は火災を起こし停止しました。もう一機は巡洋艦に突入しこれを沈めました。これは大きな戦果でした。

三　マバラカット基地にいた髙崎さん

髙崎さんは、初めて特攻隊が出撃した日の翌日、一〇月二二日にマバラカット基地から零戦に乗って飛び立ち戦死したということです。では、髙崎さんは何隊に所属していたのでしょうか。

大西中将が着任した当時の一航艦の可動機は、わずかに三〇機になっていたといわれます。そうして、初めに編成された特攻隊の敷島隊など四隊の搭乗員は二四名、飛行機も二四機必要だったわけです。髙崎さんの所属航空隊は、玉井中佐が副司令の二〇一空で、その在籍者名簿に髙崎さんの名前もあります。この隊員の中から初めての特攻隊は編成されています。「海軍捷号作戦〈2〉」によれば、玉井副司令が選んだ二四名の搭乗員たちは海兵出身の関隊長を除き、みんな第九期乙種予科練習生

髙崎文雄さん

でした。髙崎さんは第一〇期甲種予科練習生でしたから、初めの四隊には入っていないことになります。であれば、その後に編成された零戦四隊（菊水、若桜、葉桜、初桜）のいずれかに所属したのでしょうか。

一方、「グラフィックカラー　昭和史7　太平洋戦争（後期）」の「大西中将と特攻」（豊田穣執筆）という論文には、「玉井中佐は、特攻隊員を十期飛行練習生の中から選んだ」と書かれています。それならば、髙崎さんは初めの四隊のいずれかに所属したことになりそうです。

一〇月二一、二二日頃は天候が悪く、敵空母を求めて出撃しても発見できずむなしく引き返していました。また、出撃したまま未帰還となる機が多くありました。その理由は、悪天候のせいもありましたが、機体の不良と、搭乗員の技術練度が低かったことによりました。髙崎さんは、

一等飛行兵曹に昇進していましたから、A～Dランク分けでBクラスの腕前でしたが、しかしそれも九期乙種練習生と同程度だったと思われます。

特攻隊には、例えば敷島隊などの名前が付けられ、隊ごとに戦死した隊員の名前は全て分かっています。しかし、それらの名簿の中には髙崎文雄さんの名前がありません。髙崎さんはどんな任務遂行中の戦死だったのでしょうか。

飛行服姿の髙崎文雄さん

四　お母さんの願い

文雄さんは、四人兄弟の三番目、ただ一人の男の子でした。それだけに両親の期待も大きく大事に育てられました。父、文作さんは貿易船の船長でした。父は、外国へ行けば珍しいもの、おいしいものを土産に持って帰ってくれました。同級生たちは、「彼の家に行くと、めったに口に入らないバナナがあった」といっています。

このような家庭で育った文雄さんは、「温厚で明るく正義感が強かった。学校から駅までの途中にみかん畑があったが、あれをちぎろうやというと彼は拒否しよった。人に喧嘩をふっかけるでもなく、彼について思い出すと悪いとこは一つもない」というのは、延岡中学で同窓の田中政喜さんです。

文雄さんは絵や書もうまかったようです。昭和一七（一九四二）年の元旦（一六歳）に田中さん宛に出された文雄さんの年賀状があります。それには、日の丸と銃剣で当時の文雄さんの気持ちを表現したと思われる墨絵が描かれ、日の丸には赤色が施されています。なかなかうまい絵です。

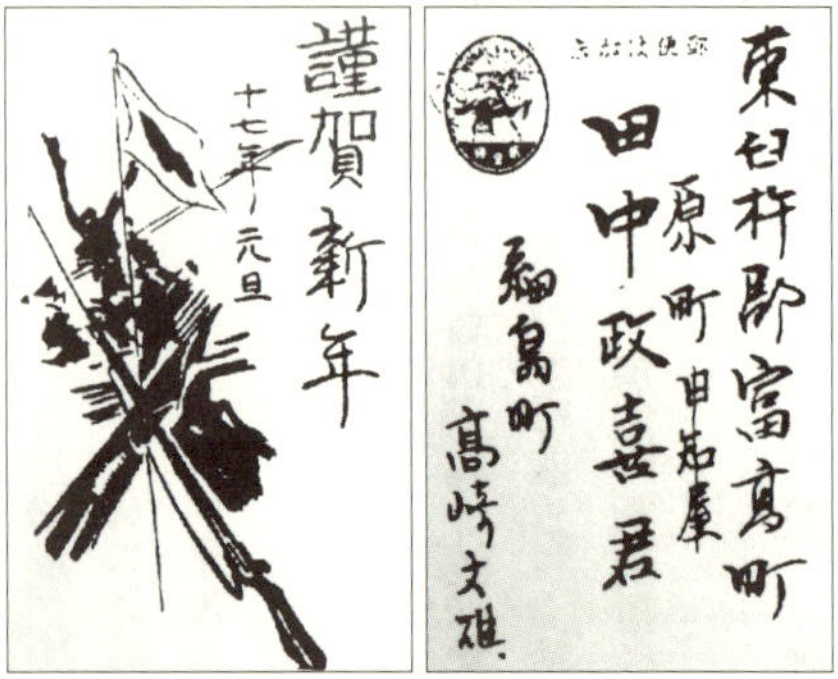

田中政喜さん宛、髙崎文雄さんの1942年元旦の年賀状

田中政喜さん（2000年４月）

文雄さんは文学青年でもありました。延岡中学の校友会誌「向洋」第四一号に髙崎文雄名の四句があります。

しばし飛び　またとまりけり　赤とんぼ
半ば破れし　風鈴ゆらぐ　秋の風
川せみの　杭にとまれる　日ぐれかな
仰向きて　死にたる蝉や　秋の風

井川武重氏が、これらの俳句を十八会（文雄さんと同窓の昭和一八年卒業生の同窓会）誌で紹介し、「三年生だから昭和一五年の作であろう。髙崎君が海軍飛行予科練習生で入隊する一年前にあたる」と述べています。氏は続けて「四季の風物の小さいものにまで、気のついていた人柄を思わせるし、また当時の世相時局を考え合わせると一入《ひとしお》の感がある」と説明しています。

文雄さんは、出撃前に妹邦子さん宛にはがきを出しました。「邦子、元気で毎日勉強していることと思う。兄もしごく元気で頑張っている。故郷もはや青々と若葉がもえ、松蝉も鳴いていやしまいか。暑い暑い。こちらは鳥すら鳴かない。さわやかな海風が、きび畑をならしている。俺も一飛曹になった。邦子から貰ったものは時計の紐のみとなった。体をこわさぬよう注意しなさい。母さんによろしく。」そうしてこの文末に「望郷の歌」が添えられていたのです。

甲飛一〇期生の名簿を送ってくれたとして、文雄さんの母、イサミさんが甲飛一〇期会生存者御一同様宛に出した礼状があります。その文面にはこうあります。「御名簿を御送り頂きまして誠に有り難く厚く御礼申し上げます。一字一字もれなく拝見致しました。ただうれしく又かなしく思い出が次々と目に浮かびます。……『お母さん、僕が死んでも泣かないでください』と飛び立ちました。雨の降る風の夜は、雨戸をたたく思いがして何度も戸を開けて文雄、文雄とよんで見ました。……戦死の公報後は、只夢見る如く文雄と行った道海山、学校と、毎日魂のぬけがらの様に、ふらりふらりと食事もとらず、自分が分かりませんでした。母も死にたいとさえ考えました。……」

このような思いを抱いて長年過ごした末、イサミさんは、一九八六（昭和61）年一二月、小学校・中学校を通じて文雄さんと大の仲良しだった安田常雄氏に「生きているうちにぜひとも文雄の歌碑を故郷の山（米ノ山）に建ててあげたい」と、手紙を書きました。この母の願いに応えた安田氏の呼びかけで、同窓生や多くの協力者が集まり、「望郷の歌碑」建立委員会が発足しました。建立の趣旨は次のようでした。

「髙崎君が少年時代、細島の港町から見た雲染める夕日をなつかしみ『くに（故郷）の野花とわれは咲きたし』と、遠くふるさとをしのんだその心境が、切々と私どもの胸にも伝わってきます。そこで私達は、髙崎君の郷士を思う清純な心に応え、この歌を後世に永く保存し世界の恒久平和を祈念すべく、歌碑の建立を計画した次第であります。」（望郷の歌碑建立趣意書）

歌碑建立の訴えはマスコミにも取り上げられ、大きな反響を呼びました。歌碑建立のための募金は当初の計画を上回るほど集まったのです。そうして、安田氏のもとにイサミさんの手紙が届いたちょうど一年後には、はやくも歌碑の除幕となり、母の願いは実現したのでした。

五　作家の井上ひさしさん、「望郷の歌」を語る

髙崎さんの「望郷の歌」は、戦場にあって故郷を偲《しの》んだ歌として、読む人の心を強く打つものがあります。作家の井上ひさしさんも心打たれた一人でした。

予科練の生存同期生が、戦死者の遺歌などを集めて靖国神社に奉納しましたが、その中から一九七九（昭和54）年、この望郷の歌が靖国神社社頭に掲示されました。それが井上さんの目に止まったのです。

井上ひさしさんを延岡に呼ぶ会と夕刊デイリー新聞社とが共催で、井上さんを講師に招いて文化講演会を開きました。一九九三（平成5）年一月一六日のことです。井上さんはつぎのように語っています。

「私はこの髙崎文雄さんの歌を詠むたび、なんというささやかな願いだろうと思います。国の松の大きな木になって残りたいとおっしゃっているんではなく、小さな花でいいんですね」。「この歌は『おれたちはパイロットなんだ、操縦士なんだ。それが爆弾を抱いて死ににいくようでは日本は終わりだよ』ということを後世に伝えています」。「私はこの歌を生涯忘れないでしょう。髙崎さんが詠んだ、自分たちはどうなってもいいけれども、故郷《くに》が平和で、自分が小さいときのような平和な野山に小さな花として咲ければいいんだという考えを僕は引き継ぎたい」。（夕刊デイリー新聞、一九九三年一月二二、二三日付）

六　「望郷の歌」、天竜寺飛雲観音にも

京都市右京区嵯峨の天竜寺には、航空戦死者や航空事故で亡くなった人たちを祭り、空の安全

を祈願して建てられた「飛雲観音」があります。その台座の正面には飛雲観音と書かれ、右側面には五つ子の名付け親として知られた清水寺貫首大西良慶さんの歌が、左側面には髙崎さんの望郷の歌が刻まれています。

この飛雲観音建立の経過をご存じの京都甲飛隊事務局・飛雲観音奉賛会事務局の竹村遷さんに伺いました。〔二〇〇六年一二月の竹村さんよりのお手紙〕

「昭和五十五年の飛雲観音建立に当たり、発起人の甲飛三期・大西貞明氏が、大の親友であった裏千家の家元・千宗室氏（予備学生出身、飛行科）を建設委員会の名誉会長に推挙され、台座に刻む歌として、数々の遺書の中から髙崎十期生のものを選ばれた訳です。大西さんらはこの歌を読んで、とくにその崇高な心境に慟哭する思いだったと言っておられました。」

天竜寺境内に建つ飛雲観音

また、宮崎空港西側の、宮崎海軍航空隊跡地とする一隅に、宮崎特攻基地慰霊碑が建立されています。その中にも髙崎さんの「みんなみの」の歌が刻まれた碑が建てられています。

七　若者四三七九名の特攻戦死

初めての特攻隊が予想以上の「成功」を収めたとして、陸軍もこれにならい、半月後には万朶《ばんだ》隊を出撃させました。その後、続々と飛んだ特別攻撃隊の戦死者は、海軍二五三五名、陸軍一八四四名、陸海軍合わせて四三七九名にもなりました。

日本軍が行った特攻作戦には、「神風」に代表される飛行機によるもののほか、人間魚雷「回天」や水上特攻艇「震洋」その他もろもろのものがありました。このような特攻も含めると、日本敗戦までの特攻による戦死者は、膨大な数にのぼりました。

これら特攻戦死者の多くは、髙崎文雄さんのような二〇歳前後の前途洋々たる若者たちでした。教師を一生の仕事とされた田中政喜さんは、「彼が生きていて美術の先生になっていたら、すばらしい作品を数多く残したのではないでしょうか」と語っていました。

最後に田中さんは「歌碑建立は、髙崎君の霊を慰めるということではなく、平和教育に役立つ、永遠の平和を願うという意味での建立だということを建立委員会で確認し合ったのです」とその意義を述べていました。

【参考文献・資料・証言】

戦史叢書『海軍捷号作戦〈1〉台湾沖縄空戦まで』

戦史叢書　『海軍捷号作戦〈2〉フィリピン沖海戦』
右記2冊は　防衛庁防衛研修所戦史室著　東雲新聞社
『日本の歴史25　太平洋戦争』　林茂著　中央公論社
『グラフィックカラー昭和史7　太平洋戦争（後期）』　研秀出版
週刊朝日百科　『日本の歴史１２２』　朝日新聞社
『神風特攻の記録』　金子敏夫著　光人社
「十八会誌」の田中政喜氏、井川武重氏の文章
「望郷の歌碑建立趣意書」　１９８７年6月
夕刊デイリー新聞の記事（１９８７年5月6日付、１９９３年1月22、23日付）
伊藤喜造（日向市細島）、黒木弘茂（日向市細島）、田中政喜（日向市原町）各氏の証言

（二〇〇九年八月）

第七節　人間魚雷「回天」と特攻艇「震洋」の部隊とその戦跡

――第三五突撃隊（嵐部隊）の足跡――

太平洋戦争の末期、負け戦の続く日本軍は、戦線の現状を持ちこたえ、敵に一撃を与えようと、新たな戦法を考え、そのための武器の開発を急ぎました。そんなときに特攻兵器が考案されました。飛行機に爆弾を積み、操縦する兵士もろとも敵艦に突入する特攻機、魚雷に炸薬を積み、操縦する兵士もろとも敵に突入する人間魚雷「回天」、モーターボートに爆弾を積み、兵士もろとも敵に突入する特攻艇「震洋」などです。これらの武器を使用し、武器とともに敵に突入する部隊である特攻隊（特別攻撃隊）が、日向市に配置されていました。飛行機の特攻隊については、第二節の富高航空基地、および前節で述べましたので、ここでは、人間魚雷「回天」と特攻艇「震洋」について述べましょう。

一　特攻兵器

アジア・太平洋戦争の最末期、宮崎県内にも、いろいろな特攻兵器での攻撃部隊が配備されていました。いわゆる特攻隊です。国語辞典によれば、特攻隊は次のように説明されています。「太平洋戦争中、体当たりの自殺的な攻撃を行った日本陸海軍の部隊」（広辞苑）。二〇歳になるかならない若者たちが、自殺的な体当たり攻撃の訓練を毎日くり返し、その若者たちの多くが戦争終結を目前に、爆弾もろとも敵艦に突っ込み、二度と生きて帰らなかったのです。

特攻（特別攻撃）には、(1)陸軍の特攻と海軍の特攻、(2)空からの特攻と海からの特攻、(3)制海権制空権を失い、日本の敗戦が決定的となった状況の下で、起死回生を期して採られた作戦としての特攻と、本土決戦に備えて採られた作戦としての特攻、がありました。

日本軍が開発した特攻兵器には、「神風」に代表される飛行機の他いろいろなものがありました。それらには、空からのものと海からのものに分けて、次のようなものがありました。

空からの特攻兵器には、(1)通常の機体を利用したもの（胴体下または主翼下の爆弾懸吊機に、二五〇〜五〇〇キログラム程度の爆弾を取り付けた。海軍では「零戦」「彗星」「天山」など、陸軍では「隼《はやぶさ》」「飛燕《ひえん》」など）、(2)爆弾を胴体内に内装したもの（胴体内を改造して大型爆弾八〇〇キログラム二個を内装し、特殊な信管により破壊効果を大きくした。双発機が主で、海軍の「一式陸攻」「銀河」、陸軍の「飛竜」「九九双軽爆」など）、(3)特攻専用機（特殊攻撃機「剣」、「桜花」）と、大別できます。保有機数の減少、乗員の練度不足などによって、攻撃機は粗雑なものになっていきました。

海からの特攻兵器には、(1)水中を敏速に行動するために考えられた特殊有翼潜航艇「海竜」、(2)ベニヤ板製のモーターボートを爆装した水上特攻艇「震洋」、(3)五人乗りの大型で「甲標的J型」とも呼ばれた特殊潜航艇「蛟竜《こうりゅう》」、(4)酸素魚雷を改装した特殊兵器である人間魚雷「回天」の四種がありました。

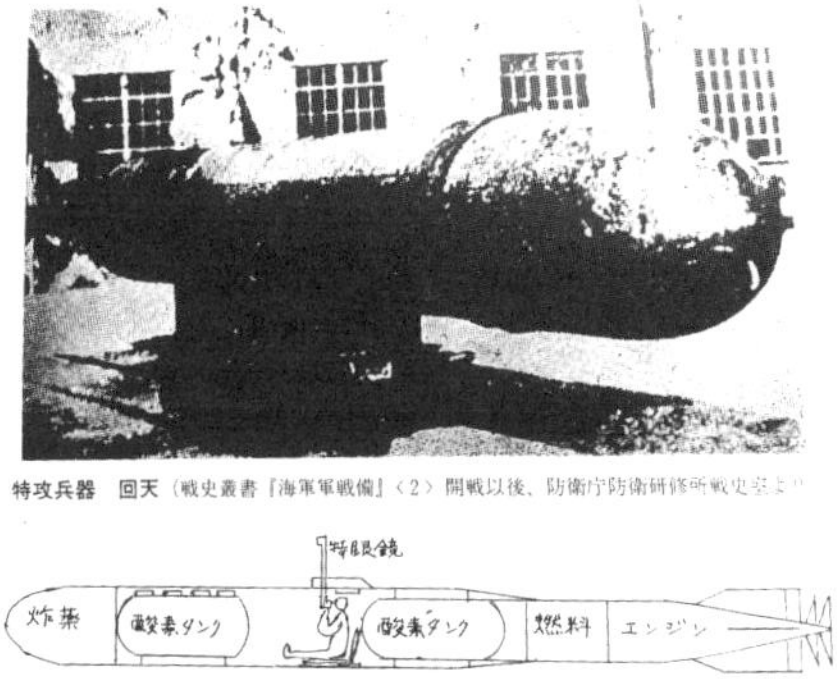

「回天」の写真とその略図（『特攻』より）

１人乗りの「震洋」艇写真。
２人乗りも実戦使用された（『日本特攻艇戦史』より）

注　「回天」１型：93式酸素魚雷を人間が乗れるように改作。１人乗り、全長・全幅14.75m×1m、重量8.3トン、水中速力30ノット、炸薬1.55トン

「震洋」１型：自動車用ガソリンエンジン１基搭載、１人乗り、全長・全幅5.1m×1.67m、速力16ノット、炸薬250キロ

５型：自動車用ガソリンエンジン2基搭載、２人乗り、全長・全幅6.5m×1.86m、速力27ノット、炸薬250キロ

二　戦術としての「特攻」

一九四四（昭和19）年夏、マリアナ諸島を失った日本軍は、レイテ沖海戦を最後の決戦としましたが、この戦いで海軍は決定的な打撃を受け、その存在意義を失うことになりました。一〇月二五日、栗田艦隊のレイテ湾突入を援助するため、特攻隊が初めて出撃しました（隊長関行男大尉）。敵空母飛行甲板の破壊を目的としていましたが、結果は予想以上で、突入した五機全部が命中し、うち特設空母一隻を沈没させました。

この「成功」を見た陸軍も、半月後には万朶《ばんだ》隊を出撃させました。以後、特攻は日常化し、一九四五（昭和20）年三月からの沖縄戦では攻撃の主力となり、特に四月から六月の「菊水」作戦では二〇〇〇名以上が戦死しました。また敗戦までに、両軍合わせて約四三〇〇名以上が犠牲になりました。

「米側発表では、特攻機のうち一八・六%が命中か至近突入し、損傷数は空母二〇、戦艦一四、軽空母・護衛空母二三であった。

特攻は奇襲として使用する時には有効であったが、通常戦術として使用することは無謀であった。特攻が日常化するにつれて敵の対策も強化され、戦果は減り被害は増大し、最後には優秀な搭乗員も兵器もなくなるという消耗戦であったからである。……しかも、飛行機は翼があるため降下速度に限界があり、さらに軽金属が鋼鉄に当たるため破壊力が小さく、巡洋艦以上の正式軍艦で沈没したものが無く、被害の総トン数は大型空母一隻分（排水量三万八千トン）程度であった。その欠陥を補うために人間爆弾『桜花』が開発された。しかし、制空権がなければ発射地点まで母機が到達することは不可能であり、同様に『回天』も発射地点まで行けなかった。『震洋』に至っては、高波に耐えられず防御力も弱く、戦果は望めそうになかった。

米兵が『神風ノイローゼ』に陥ったとしても、また特攻した若者の犠牲的精神は高く評価できたとしても、それは戦術的には、優れたものではなかった。むしろ米軍指揮官は、特攻戦術の出現によって、日本軍の戦争機能が壊滅に瀕しており、精神状態が自暴自棄的になっていることを知ったのである。」

（この項は、「週刊朝日百科　日本の歴史１２２」の櫻井良樹論文『戦術としての〈特攻〉』による。「　」内の文章はそれよりの引用）

三　県内に配備された海軍三三突、三五突

連合軍の沖縄制圧に続き本土上陸が必至、それも九州南部、宮崎県にもという情勢から、それを迎え撃つために陸・海軍の部隊がそれぞれ県内に配備されました。海軍では、一九四五（昭和20）年の四月から六月にかけて、人間魚雷「回天」の部隊や水上特攻艇「震洋」の部隊が県北と

県南に進出してきました。

県北に配備されたのは、佐世保鎮守府所属の第五特攻戦隊（楠部隊）第三五突撃隊（嵐部隊）といい、この「三五突」（司令：能村次郎大佐。本部は、はじめ細島駅前の漁業会本部二階、のち門川町城屋敷の米良氏宅）には、人間魚雷「回天」の第八回天隊（細島、回天一二基）と水上特攻艇「震洋」の第四八震洋隊（土々呂）、第一一六震洋隊（美々津から土々呂へ転進）、第一二一震洋隊（細島から梶木へ転進）、第一二二震洋隊（都農から美々津へ転進）が所属し、これらの震洋隊には「震洋」艇が一二五隻配置されました。この他に「三五突」には魚雷艇隊（魚雷艇一二隻）も加わっていました。

第三五突撃隊の部隊編成を表にすると次のようになります。

能村司令が住んだ米良氏宅の離れ

第五特攻戦隊第三五突撃隊（嵐部隊）
司令　能村次郎大佐　　司令部　門川町城屋敷　米良氏宅
第三五突撃隊　第八回天隊　　回天格納壕跡（幡浦）
　　回天隊員宿泊施設跡（幡浦）

第三五突撃隊	第四八震洋隊	土々呂、土々呂港 隊の本部が三松閣に置かれた
	第一一六震洋隊	美々津から土々呂、赤水へ転進 延岡市赤水に格納壕跡あり
	第一二一震洋隊	平床鼻（黒田の家臣）そばに震洋艇格納壕跡あり 細島から梶木へ転進、梶木基地跡あり 烹炊《ほうすい》場跡、見張り所跡あり
	第一二二震洋隊	都農から美々津へ転進

他方、県南に配備されていたのは同じく第五特攻戦隊所属の第三三突撃隊でした。この「三三突」には、第三回天隊（油津、回天九基）、第五回天隊（南郷栄松、回天七基、大堂津、同四基）、第九回天隊（内海、回天六基）と第五四震洋隊（大堂津）、第一一六震洋隊（油津より外浦へ転進）が所属し、「震洋」艇は一〇〇隻配置されていました。「三三突」には、この他海竜隊（「海竜」一二基）、魚雷艇隊（魚雷艇一二隻）も所属していました。

［第三五突撃隊の司令　海軍大佐　能村次郎について］

能村次郎大佐は、戦艦大和の副長でした。副長は、艦長有賀幸作大佐の次の地位、つまり副艦

能村次郎大佐

長でした。

戦艦大和は、一九四五（昭和20）年三月二九日、瀬戸内海の三田尻基地（防府市）を出航して、沖縄特攻戦に向かいました。乗組員三三三二人。大和は、敵の魚雷一二本を艦腹に受け、四月七日、午後二時二五分、鹿児島県徳之島北方二〇〇浬の地点で沈没しました。生存者二六九人。副長の能村大佐は気を失った状態で救助されました。

生き残った能村大佐は、特攻隊としての第三五突撃隊の司令として、五月二七日、細島に着任しました。

彼は、戦後二二年目に『慟哭《どうこく》の海　戦艦大和死闘の記録』（昭和四二年八月、読売新聞社）を刊行しました。能村さんの写真と紹介文は、同書のカバーのものを利用させてもらいました。

四　人間魚雷「回天」

「回天」は人間が操縦して目標に体当たりする一種の潜水艦です。海軍が誇った最も大きな魚雷の九三式魚雷を改造したもので、人間一人が乗り込める空間を作り、潜望鏡を付け、搭乗員が自分で運転できるようにしたものです。

第８回天隊の搭乗員12人（前列中央が隊長の井上薫中尉、４列目の左が青柳恵二一飛曹）

回天の訓練基地は、山口県徳山市（現周南市）沖の大津島でした。回天は潜水艦に積み込まれて基地を出て行きましたが、運搬に当たる大型潜水艦の損失が続いたためもあり、本土決戦に備えて、陸上の基地からも発進させるようになりました。これを基地回天隊といいました。

細島に進出してきたのは、第八回天隊でした。この回天隊は、佐世保鎮守府管轄で、第五特攻戦隊の第三五突撃隊に配属されました。この隊は、山口県の平生《ひらお》訓練基地で編成され、一九四五（昭和20）年七月八日に六人の搭乗員が、同一四日には更に六人の搭乗員が平生を出発し、陸路経由でそれぞれ翌日には細島に到着しました。回天の細島、幡浦《はたうら》への輸送は、潜水艦に搭載して二～六基ずつ四回に分けて実施され、回天固有の整備員が潜水艦に同乗して進出しました。

回天の格納壕は、細島港（現細島商業港）の北岸に、海軍設営隊が主として朝鮮人労務者の労力を使って作ったといいます。格納壕は、現在、港の北岸にある高田造船所の辺りから東にかけて横穴壕が九本掘られました。現在、壕が崩れてくぼんだと思われる場所が見られます。九本の壕

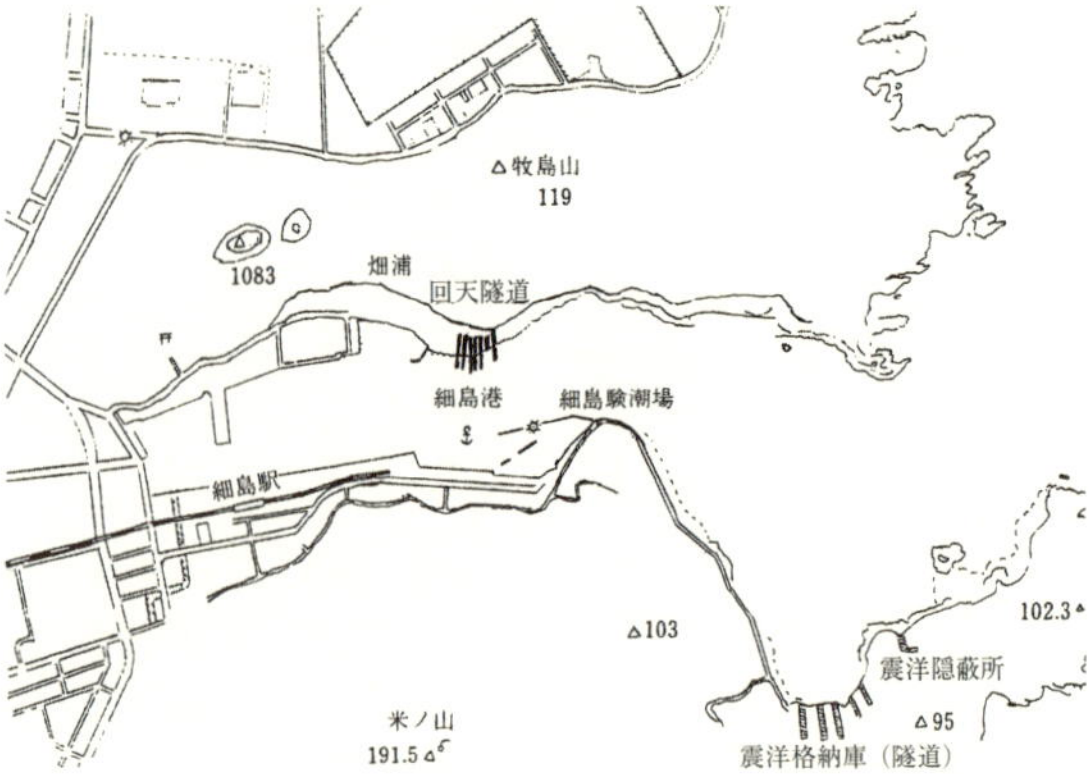

回天の格納壕は細島港の北岸に作られました

のうち六本には、長さ約一五メートルの回天が二基ずつ格納されました。回天は一二基細島に来ましたから、奥行き三〇メートルの壕六本と整備用・予備用の壕二本があったと思われます。

壕の前には狭い砂浜がありました。港の海から壕の奥までレールを敷き、その上に台車を置いて、それに回天を乗せて出し入れしました。

（写真と地図は『人間魚雷　写真集　回天特別攻撃隊』より）

五　細島の回天隊のこと

つぎに、この回天隊について見聞きした人たちの話を紹介しましょう。

「私は当時、戦地に行っていましたが、私の家は隊員の宿舎になっていて、人間魚雷の整備員と、搭乗員が五、六人宿泊していました。魚雷を隠しておく横穴は機密保持の上から、特殊任務の部隊を連れてきて、軍で掘ったということです。」（日向市日知屋幡浦五四九一　黒木正司さんの話　一九八三年）

黒木義久さんの元屋（もと舟小屋）

黒木義久さん（2011年７月）

「回天は昭和二〇年七月に来ました。一基に二人の整備員がついていました。従って二四人です。他に一人飯炊き専門の人がいました。その人たち全部が私の家に宿泊していました。回天は、秘密兵器ですから潜水艦に積んできました。宿泊していた人たちが今日は残業があると言ったが、そのときが、回天が来たときのことだったようです。回天が来る前に格納壕を朝鮮の人たちに掘らせました。

搭乗員は黒木正司さん宅と江川別荘に宿泊しました。壕は、米軍が爆破して壊しました。しかし、一つの壕には回天が一基入ったままだったと聞いています。」（日向市日知屋幡浦五五〇五－二三
黒木義久さん　一九三三年二月二四日生）

回天の整備員など回天隊隊員が泊まったという黒木義久さんの生まれた家は屋号を「舟小屋」といい、大きな家でした（日向市日知屋五五〇六）。現在は建て替えられており、義久さんはその西隣に住んでいました。舟小屋は網元で、通いの船子が四、五人いました。屋敷の横には船つけ場がありました。

江川さんの別荘（愛宕神社の東隣）

階段右手の二階家が旧黒木正司さん宅

黒木正司さん宅は、日向市細島の幡浦地区、愛宕神社の登り口の鳥居の右手二軒目にありました（右側の写真に見える二階家が旧黒木正司さん宅）。大きな家で、「なわや」（縄屋）と呼ばれていました。稲藁《いなわら》で縄を作ったり稲藁の灰を生産して釉薬《ゆうやく》用に出荷したりもしていたといいます。

写真左は、細島の江川商店二代目社長、江川長三郎さんが建てた別荘（二〇一七年撮影）でした。右の写真に見える鳥居をくぐり石段を登り詰めると愛宕神社です。その神社の右手にこの家はあります。この辺りではなかなか見られない手の込んだ豪華な作りの家です。ここには将校たちと回天搭乗員が住んだといいます。

回天搭乗員の一人、青柳恵二さんの話を聞きましょう。青柳さんには何度も細島に来ていただき、話を聞きました。

「魚雷を格納する洞窟は六つあったと思います。洞窟の入り口は幅、高さともに二メートルぐらい、奥行きは三〇メートルぐらいでした。魚雷は長さ一四・五メートル、太さは一メートルで、これを一つの洞窟に二本入れたのです。洞窟の中には、台車に魚

青柳恵二さん（手前の人　1997年９月撮影）

雷を乗せて移動させるレールが敷いてありました。魚雷は六つの洞窟に二本ずつで、計一二本です。この魚雷それぞれに搭乗員が一人ずつおりましたから、この特攻基地の要員は魚雷一基、搭乗員一人を単位に一二班に分かれていました。

搭乗員は士官三人、下士官九人でした。この下士官の中の一人が私です（当時青柳さんは二〇歳、一等飛行兵曹でした）。この部隊の隊長は井上薫中尉でした。総勢三〇～四〇人だったと思います。私たちは黒木正司さん宅ほか一、二軒に分宿したように思います。将校たちは、正司さん宅の上の江川さんの別荘に住んでいました。この部隊は『三五嵐部隊』に属していました。

昭和二〇年七月一〇日に細島に来ました。山口県の平生《ひらお》基地で訓練を受け、敵に遭遇すればいつでも突っ込むということで出撃してきたのです。ですから、出撃のとき、七生報国と書いた鉢巻きと短刀をもらい、決別の杯を交わしました。」（宮崎市曽師町二四九　元第八回天隊員青柳恵二さんの話　一九八三年　五八歳）

青柳さんは、戦後六二年目の二〇〇七年七月に「人間魚雷『回天』に痛恨の思い」と題して文章を書いておられます。

「私は、今から六十年前の太平洋戦争末期の昭和二十年七月八日に、人間魚雷『回天』搭乗員として本土決戦に備えて日向市畑浦《ママ》の基地に出撃しました。当時の私は十九歳、軍国青年であったので国のために捨て石になろうと覚悟を決めて出撃しました。幸い、八月十五日の終戦で辛うじて命拾いをしました。

　私は当時の事をふり返ってみる度に痛恨の思いを禁じ得ません。それは、戦局は日本にとって勝ち目のないところにまで来ている中で、寝食を共にした戦友が次々と出撃し、『回天』と共に自らの命を断っていったからです。

『回天』特攻戦は、戦争末期の昭和十九年十一月からはじまり、終戦三日前の八月十二日に潜水艦から発進した一基の『回天』を最後に、九カ月にわたる悲惨な戦いの幕を閉じました。この間、十六隻の潜水艦で延べ三十一回出撃し、八十九人の特攻隊員が『回天』と運命を共にしました。また、米軍の攻撃によって、八隻の潜水艦と八百四十五人の乗組員を失いました。『回天』特攻戦は、このように多くの兵士の犠牲のもとに進められたのです。

　いま靖国神社の『遊就館』に実物大の『回天』のレプリカが展示されています。ここでは、『回天』特攻兵を『回天「烈士」』などと誉《ほ》めたたえ、侵略戦争を美化し、戦争責任を風化させる動きが強まっています。

　こうした動きに反対し、不戦を誓った世界に誇るべき平和憲法を守り、戦争を絶対に起こさせないことが、『回天』と共に亡くなった兵士へのはなむけであり、生き残ったわれわれの責務だと思います。」（日本国憲法施行60周年記念　文集『憲法と私』第1集　宮崎県革新懇発行より）

六　水上特攻艇「震洋」

「震洋」艇とは、ベニヤ板で作ったモーターボートに自動車のエンジンを搭載し、艇首に爆薬を積んで目標に体当たりするもので、連合軍はこれを自殺艇と名付けました。震洋艇は、本土に接近してくる敵の艦船、特に上陸用舟艇を迎え撃つ目的で昭和一九年五月に試作が完成し、終戦までに一型、五型合わせて約六二〇〇隻が製作されました。

「震洋」のスピードは二五・六ノット（約四七・四キロ）まで出ますが、流木一本、小銃弾一発でも大きな障害となりました。したがって、その戦法は夜陰に乗じて一斉に群がって目標に殺到し、どれかが命中すればよいというもので、中央で見積もった命中率は「回天」の三分の一に比べ「震洋」は一〇分の一でした。

震洋部隊は、昭和二〇年二月、コレヒドール（フィリピン・マニラ湾入り口に浮かぶ島）沖で巡洋艦、駆逐艦、輸送艇に損害を与えましたが、約一二〇〇名が戦死、沖縄では約二〇〇名が特攻出撃して戦死しました。また、約一〇〇〇名が進出する途中で海没して戦死しています。

隊員の主力は甲種飛行予科練習生で、「予科練」を卒業しても乗るべき飛行機を失った若者たちが、飛行機に乗れないさびしさを振り飛ばすように西太平洋の水面を疾走しました。敗戦の時、本土沿岸の基地には、二八五〇隻（陸軍の七〇隻を含む）の「震洋」艇があり、本土決戦の出撃命令を待ち受けていました。

震洋隊は、第一震洋隊から第六八震洋隊までの六八の部隊が一人乗りの一型艇の部隊、第一〇一震洋隊から第一四六震洋隊までの四六の部隊が二人乗りの五型艇の部隊で、合計一一四個の部隊が編成されました。これらの震洋隊は、一九四四（昭和19）年の九月から父島、母島、コレヒドール、台湾高雄、沖縄などに配備され、一九四五年五月からは九州を中心に本土にも配備されるようになります。一一四個の部隊のうちの第四八、五四、一一六、一二一、一二二、一二六部隊が宮崎県内に配備されたことはすでに述べたとおりです。

震洋隊の部隊は、各隊一八〇人の隊員で編成されていました。

一型（一人乗り）：一部隊は四艇隊、一艇隊に一二隻、従って一部隊の艇は五〇隻。搭乗員は五〇人。このほか整備隊員、基地隊員などを含め一部隊は約一八〇人でした。

五型（二人乗り）：一部隊は三艇隊、一艇隊に八隻、従って一部隊の艇は二四隻。搭乗員は五〇人。このほか整備員など含め一型部隊と同じで一部隊は約一八〇人でした。

七　第一二一震洋隊

(1) 一二一震洋隊、細島・御鉾《みほこ》ヶ浦から梶木へ移駐

細島、梶木（細島、梶木とも現日向市）に配備された第一二一震洋隊についてその動きを詳しく見てみましょう。（「人間兵器震洋特別攻撃隊『平和の海』」日本国防問題調査会刊より）

1945（昭和20）年

3月20日　一二一震洋隊（部隊長兼第一艇隊長藤井宏太、第二艇隊長鈴木榮一第三艇隊長恩田一、補充艇隊長金井利雄）は、長崎県川棚において編成される。22日に講習終了

23日　川棚を退隊し、佐世保防備隊において舟山島警備隊への赴任待機に入る。

4月1日　第五特攻戦隊第三五突撃隊に配属変更され、細島配備となる。

27日　先発隊細島着、基地設営。本隊は佐世保で艇を受け取り、貨車輸送

5月上旬　本隊が富島町（現日向市）細島字御鉾ケ浦に進出した。
本部を伊藤定治氏宅に定め、兵舎は農園内に分散して設営した。御鉾ケ浦に震洋艇の格納隧道《ずいどう》を昼夜兼行で掘削するが、岩盤堅く難航。その間、艇を港内漁船の間に偽装繋泊していたが、敵機の銃撃で一隻爆沈した。このため細島港対岸の第八回天隊の格納壕を一時借用した。

6月中旬　回天隊へ格納壕返還、御鉾ケ浦での壕掘削困難のため、富島町大字日知屋字梶

木に転進。先発隊は同地の山本、西田、日高各氏宅に分宿。艇を回航し、向ケ浜より梶木の山中に揚陸し偽装して隠した。

本隊は、同山中に兵舎を分散して設営した。

8月15日　敗戦。艇は土々呂港に回航し、日高桟橋に繋留。夜間を利用し頭部の炸薬、銃弾等を海洋に投棄し処分した。

25日　解隊、復員。艇は8月27日の暴風により大半が座礁。ついで、9月17日の枕崎台風で全艇が海没した。

第一二一震洋隊は、富島町（現日向市）の細島に進出してきました。この震洋隊は、細島港（現細島商業港）の出入り口の急に広くなった南岸の御鉾ヶ浦の伊藤定治さん宅に本部を置きました。伊藤さんは一九三四（昭和9）年九月から御鉾ヶ浦の開墾に着手し、この地を海水浴場や小学生の臨海学校の適地に作り上げた人です（『日向市の歴史』393ページ、伊藤定治さんの写真も同書より）。

伊藤定治さん

本書一四六ページの「回天の格納壕は細島港の北岸に作られました」の地図には、震洋格納壕が五本記入されていますが、それは掘削予定地の印であり、実際に掘られてはいませんでした。震洋格納壕の印のある地図上の場所は、平床

崩れた掘りかけの壕

細島の御鉾ヶ浦に建つ記念碑

岩を掘ろうとした掘りかけの壕

鼻（通称「黒田の家臣」）のすぐ西の海岸です。海岸の崖の上に「特攻一二一震洋隊細島基地跡」という記念碑が元隊員たちによって建てられています。海に背を向けて記念碑に向かうと、その右手下の波打ち際に崩れた掘りかけの壕があります。さらにその右に岩盤をえぐった掘りかけの壕があります。「黒田の家臣」の駐車場から行くのですが、満ち潮のときは海水のために行けません。

　このように、一二一震洋隊はこの場所辺りで格納壕の掘削を始めたのですが、岩盤が硬く、作業は進みませんでした。そのため、震洋艇を細島港内の漁船の間に隠したり、回天用の壕を借用したりしましたが、空襲も激しくなったので、震洋艇隠《いん》蔽《ぺい》場所を新しく確保するため、門川町境に近い日知屋の梶木に移転しました。

　「第一二一震洋隊は、藤岡宏太部隊長以下百八十八名の隊員が、震洋艇の格納壕

特攻121震洋隊梶木基地跡

掘りと出撃の訓練を行っていました。この震洋隊には、第一、二、三艇隊があり、各艇隊は、第一、二、三小隊と遊撃隊に分かれ、それぞれの艇隊が、震洋隊の特約信号に従って、接敵隊形、開進隊形、突撃隊形による進撃や攻撃法の猛訓練をしていました。各小隊は操縦員と偵察員の二名から成り、二人乗りの震洋艇一隻を受け持っていたのです。」（第一二一震洋隊の細島、梶木におけるこの説明は、全国回天会の理事河崎春美氏が元第八回天隊隊員の唐木田学氏に宛てた手紙によるものです。）

一二一震洋隊は、細島の御鉾ヶ浦から日知屋の梶木、向ヶ浜に面した樹木の茂るところに震洋艇の隠し場所を見つけて基地を移しました。樹木の茂るその中に小山があり、その上に霧島神社が鎮座しています。この小山の周辺に震洋艇を海から引き上げ隠匿しました。

霧島神社の鳥居のすぐ左に「特攻一二一震洋隊梶木基地跡」と書かれた標柱と説明板が元隊員によって建てられています。説明板には、「震洋艇二十五隻を保有し、百八十八人の隊員が日夜訓練に精進し出撃待機をした……戦跡である」などと書かれています。説明板の撰文は一二一震洋隊の第三艇隊長であった恩田一さんによるものです。標柱と看板は一九九三（平成５）年一一月に建てられました。

⑵　地元民の見た第一二一震洋隊

「私が四年生のとき艇は来ました。『敵軍に突っ込む船が来ちょる』といって見ていました。その船は、木の葉の色の緑で、『青ビキ』と呼んでいました。整備作業の人たちがいつも浜辺で仕事をしていました。整備の人たちは作業員といった感じでした。私たちが五、六人で水浴《みずあ》べ（海水浴のこと）に行くとき、その姿をよく見ました。私たちがその人たちのところに行けば『船を引け、手伝え』といわれるので手伝うと、乾パンとか飴《あめ》をもらいました。おとめ餅をもらうこともありうれしかった」。このように話すのは日高八郎さん（一九三五年四月一日生、日向市日知屋梶木町二−一〇九在住）です。

日高八郎さん（2011年撮影）

日高さんには二〇一一年三月、三回にわたってたくさんのことを語ってもらいました。一度は現地を案内してもらったので、そのときの説明を紹介します。

兵隊用の建物は炊事場と食糧貯蔵の建物の二棟だけで、兵隊は民家に宿泊しました。二〇人ばかりの炊事兵がいました。炊事場には井戸があり、その隣は黒田精米所でした。

震洋艇の搭乗員は特別扱いで何もせず、訓練をしていました。訓練は、門川湾口の中央に位置する乙島を回って帰って来ていました。彼らの宿舎は日高勝義氏（故人）宅、西田渼氏（故人）宅などでした。艇が出発し帰ってくるところは向《むこう》ヶ浜《はま》（門川町の五十鈴川右岸にある砂浜海岸で、南の一部は日向市）の南端部分でした。現在、この場所は仲摩商事日向生コン工場になっています。

向ヶ浜（門川町境の日向市側）から隠蔽場所に艇を引き揚げるのは基地隊員で、その人たちは年配者でした。艇を引き揚げるときは、艇をリヤカーに載せ、厚さ四センチ、幅一〇センチ、長さ二メートルほどの松板を敷いて、その上を移動させました。リヤカーの進む先々に松板を運んで敷きました。」

日高さんに案内してもらったのは二〇一一（平成23）年三月四日でした。日高さんは自宅を出て北へ進みました。梶木の海岸寄りに標高一二〇・四メートルの源氏山があります。この山の西北の麓から谷に沿って山に入りました。落ち葉の積もった古い道です。この道の峠までの中ほどに煮炊きをした壕の跡があります。煙を出さないように壕の中で煮炊きをしたというのです。斜めに深くなり奥行き二〇メートルぐらいです。この壕のすぐ前に水が出ていました。谷の向かい側にはいまも水槽（長さ二メートル一五、幅八〇センチ、深さ九〇センチ）が残っています。竹の子取りの人たちがよくこの穴に落ちたそうです。この道を上っていくと「兵隊の掘り割り」に出ます。

煮炊きをした壕の跡

壊れた水槽の跡

艇を入れた窪地の跡

崖に作られた見張所跡

この峠を越えると霧島神社の前を通り向ヶ浜に出ます。

霧島神社は小山の頂に鎮座しており、この山の周囲に窪地が掘られ、そこに震洋艇が引き入れられていました。その跡はいまも残っています。この辺りは大きな樹木が茂り艇を隠すのに適したところでした。

霧島神社から海岸に出ると、そこまでで向ヶ浜が終わります。砂浜の終わったところから岩の倉戸ヶ鼻が海に突き出ており、ここから南は大きな石ゴロゴロの海岸です。

倉戸ヶ鼻から南に一〇〇メートルばかり行くと海岸の雑木林に隠れてかつての見張り所跡があります。ここには監視の兵が四人、三交代で練習を観察し、敵を監視したといいます。監視兵は戦闘帽をかぶってはいたが軍服ではなく国防色の作業服だったということです。

ここから霧島神社へ引き返し、国道一〇号の門川町南町南交差点に出ました。この交差点の東南の角にコンビニが出来ていますが、ここには当時燃料貯蔵所があったということです。そして日高さんの自宅へ帰る途中、炊事場があったというところなどの案内も受けました。

霧島神社前の黒木禮二さん（一九三六年三月生、日向市日知屋梶木迫在住）にも話を聞きました。

「霧島神社の山を中心にこの一帯は大きな木がうっそうと茂っていました。神社の山の周囲にくぼみを作ってそこに震洋艇を格納していました。そのくぼみはいまも残っています。震洋艇にはスクリューが二つ付いていましたから驚くほど速かった。神社の鳥居の下はトロッコ道で、そこが船の出し入れ道でした。私は四年生で、船の出し入れを手伝ってコッペパンや乾パンをもらったりしていました。

鳥居のところの石は艇の出し入れの邪魔になるというので、その頃はどけてありましたが戦後元通りに戻してあります。この神社は五穀豊穣の神様です。この辺りは半農半漁ですからこの地の神様です。ここの南側の山向こうの谷に隧道が掘られていました。

その場所は迫《さこ》ん尻《しり》と呼ばれていますが、そこに作られていた隧道の中に司令部（一二一震洋隊梶木基地本部）がありました。戦争が終わったらこの辺りの人たちがその中の物資や土留めの木材や板をみんな持って行ってしまいましたから、隧道は壊れてしまっています。その隧道の前辺

りに隊舎が作られていました。」（二〇〇四年一〇月二二日に聞きました）

八　県北に配備された第四八、一一六、一二二震洋隊のこと

県北に配備された震洋隊は、第三五突撃隊（嵐部隊）に所属する第四八、第一一六、第一二一、第一二二震洋隊の四隊でした。このうち、一二一震洋隊についてはかなり詳しく紹介しましたが、その他の部隊についても少しだけ触れておきましょう。

第四八震洋隊は一人乗りの一型艇四四隻保有の部隊で、総員一九三人でした。延岡市土々呂に六月一〇日進出しましたが、前触れもなく敵艦載機が飛来する状況でしたので、夜間のみ訓練を行ったといいます。本部宿舎は土々呂内燃器寮（のち割烹三松閣、現在は廃業）で、兵士の宿舎は漁業組合などの民間施設や民家でした。

第一一六震洋隊は二人乗りの五型艇二六隻保有の部隊で、総員一八八人でした。訓練地は長崎県川棚で、五月一六日、美々津に進出し、間もなく土々呂の赤水に移動しました。隊員の宿舎は名水《めいすい》小学校でした。

第一一六震洋隊の第二艇隊長として赤水に来ていた田英夫さん（戦後参議院議員として活躍）は『特攻隊と憲法九条』という本の中で次のように書いています。

「（赤水に来て）最初にやったのは、横穴を掘ることです。震洋は港に係留しておくわけにはい

きません。上からすぐ爆撃でやられます。ですから、横穴式の防空壕を掘って船を入れるのですが、ちっちゃなモーターボートとはいいながら、二十五隻分の壕を掘るのは結構たいへんで、百五十人ぐらいの基地隊といわれる召集兵――四十過ぎの人たちがその穴を掘る仕事をしました。……そして私たちは五十人の搭乗員とともに、二十五隻ある船の中から五隻ほどを海に浮かべて、毎日のように訓練をくり返しました。

われわれは現地の小学校で生活をしていました。……小学校の教室に、搭乗員といっている特攻隊員の連中は三個班に分かれて寝泊まりしていました。また、別の教室に機関とか基地隊とかが寝泊まりしました。ここでの部隊の生活は、特攻隊という部隊の構成上、おかしな雰囲気のものでした。部隊の中の数からいうと、二百人の中の五十数人が死んでいく役割でした。……死んでいく役割の者と、艇のエンジンを整備したり、防空壕を掘ったり、食糧を調達したりする者とに隊の中の人間が分かれているのですから……。そこに、どうしても壁ができてしまいます。

特攻隊というのは、ひじょうにふしぎな空気になっていました。人間、やっぱり死んでいくと

赤水湾に面した震洋艇格納壕

いう者は覚悟を決めていますから、独特の雰囲気になっています。死なない人たちはただの人間ですから、それが一緒に生活しているというのは、妙な感じのものです。」（田英夫著『特攻隊と憲法九条』リヨン社刊　58～61ページ）

第一二二震洋隊は二人乗りの五型艇二五隻保有の部隊で、総員一八五人でした。長崎県川棚で訓練し、五月一〇日過ぎに日向市美々津に進出し、艇を耳川の河岸に繋留したり中洲の樹林に隠匿しました。兵士は宮崎県海洋道場の拝光寮や民家に宿泊しました。都農町海岸の下浜や福原尾地区にも分駐しました。

九　震洋隊関係地図

第三五突撃隊の隊員だった人たちは、戦後、駐屯した地域の県北を訪ね、駐屯地に記念の標柱を立てたり、利用した施設やお世話になった人びとの家の地図を書きとめました。その地図三枚を掲載します。

地図作成に従事した中心人物の一人は、第一二一震洋隊の元艇隊長、恩田一さんたちだったようです。恩田さんたちは、お世話になった細島在住の黒木弘茂さん（故人）にできあがった地図を贈りました。私は、その地図のコピーを黒木弘茂さんよりいただきました。

（二〇一一年五月）

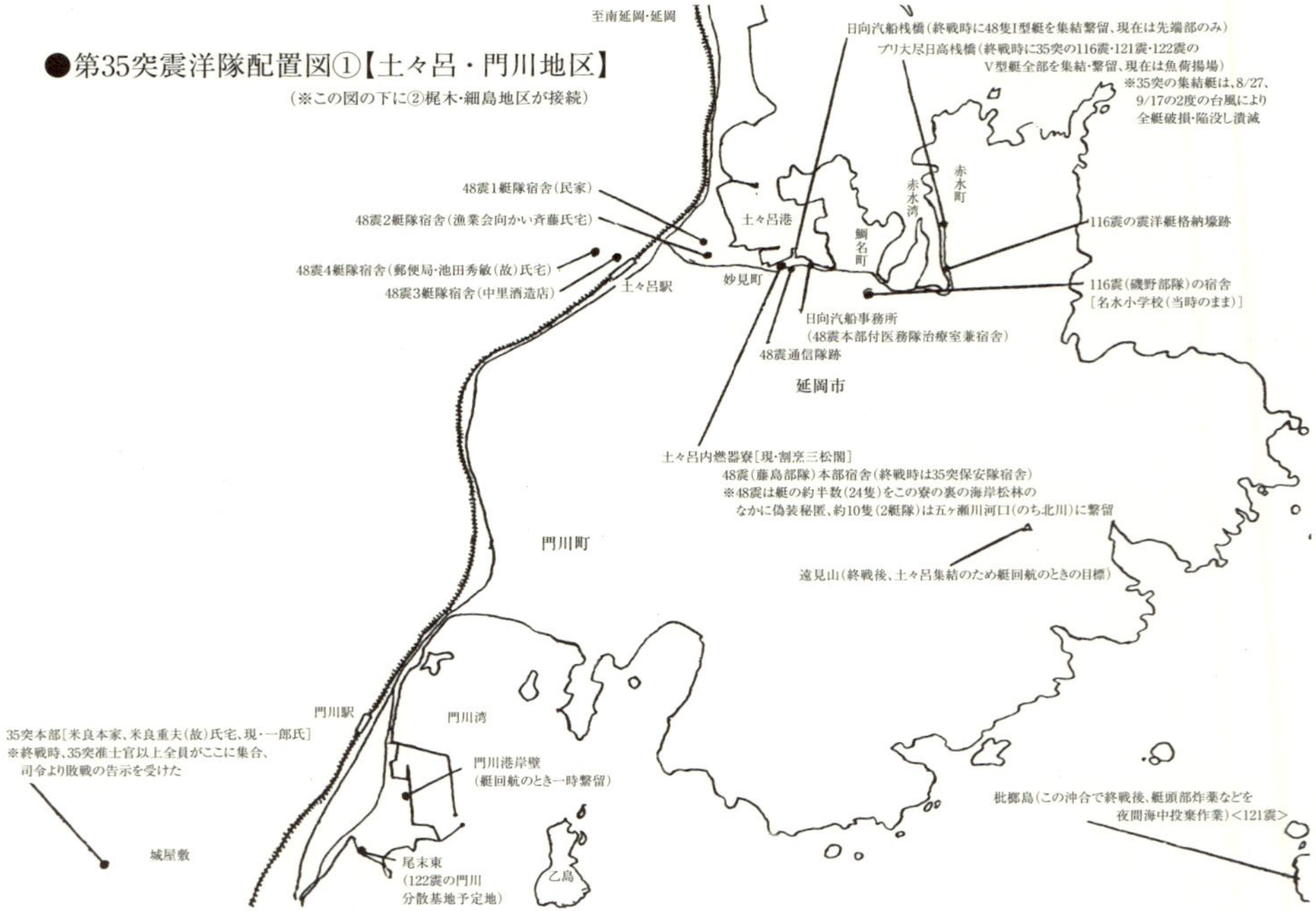

恩田艇隊長より黒木弘茂さんがいただいた地図①

●第35突震洋隊配置図②
【梶木・細島地区】

（※この図の上に①土々呂・門川地区が接続）

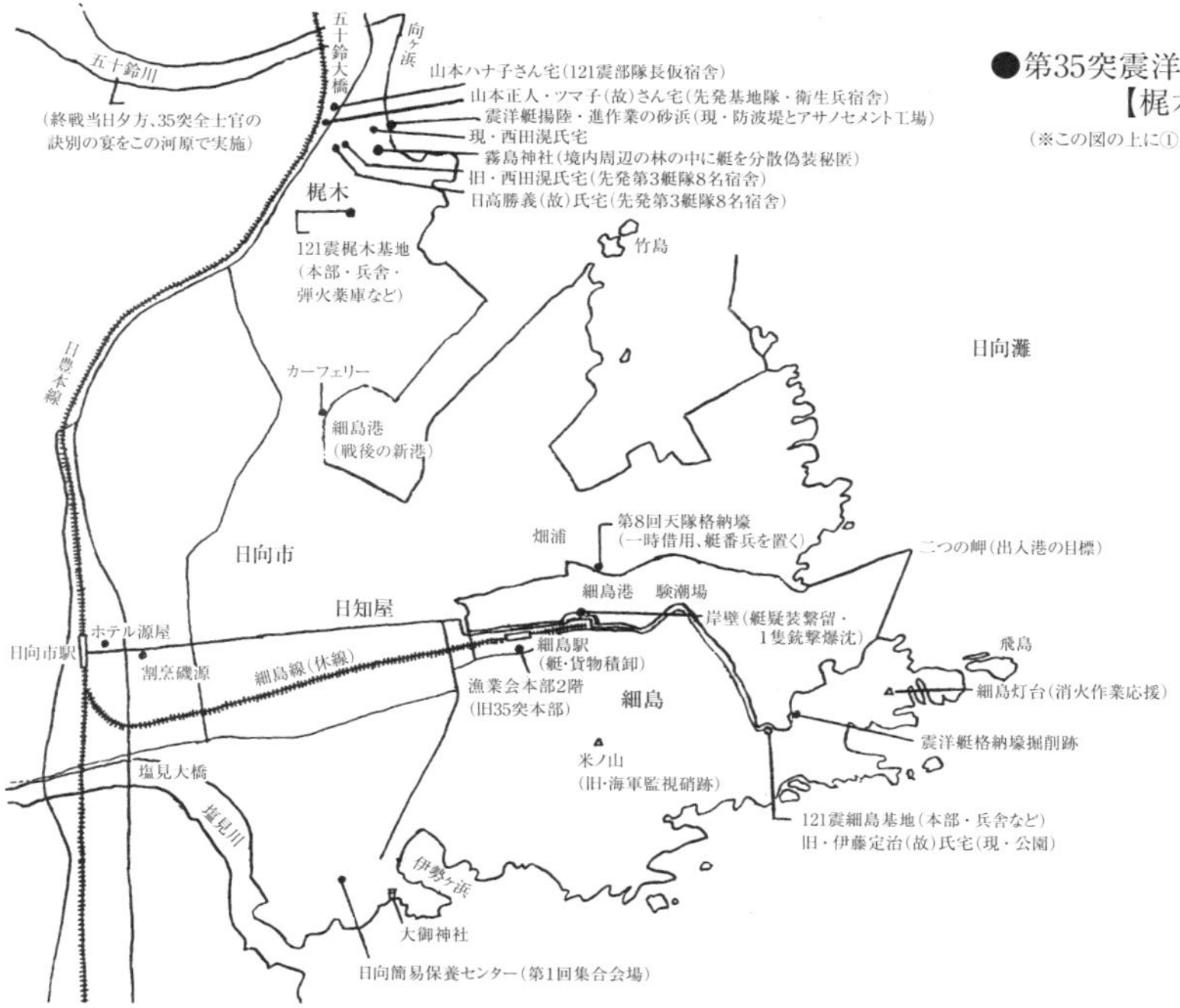

恩田艇隊長より黒木弘茂さんがいただいた地図②

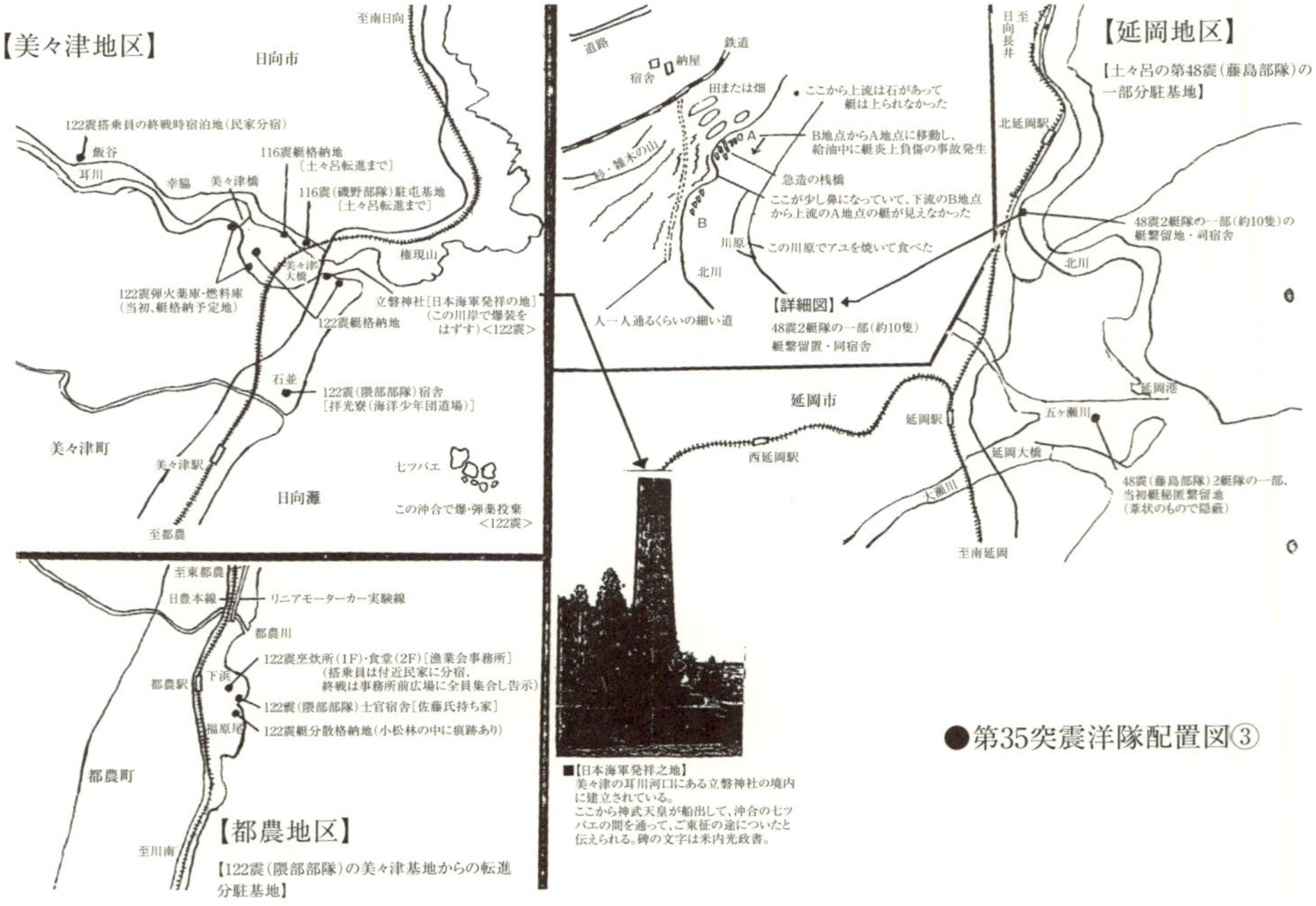

恩田艇隊長より黒木弘茂さんがいただいた地図③

第八節　沖縄学童集団疎開とその記念碑

太平洋戦争末期、日向市に沖縄県から児童が引率の先生たちとともに集団で疎開してきました。お父さんお母さんの元を離れてつらい思いをした暮らしを忘れられず、また、戦争のために再びこんなことが起こらないようにと願って、学童集団疎開の記念碑が市内五カ所に建てられています。五カ所というのは、日向市役所玄関前、塩見小学校グラウンド、平岩小中学校校門横、坪谷小学校校庭、高松児童遊園内です。これらの記念碑にまつわる話を調べてみましょう。

一　学童疎開とその経過

まずはじめに、「疎開」とは何でしょうか。太平洋戦争末期、都市に対する空襲が激化する中で、空襲被害を軽減するために、集中している人口、建造物などを分散したことをいいます。疎開は大きく三つに分けることができました。

生産疎開……軍需工場を大都市から分散した。

建物疎開……空き地帯をつくるため、重要施設（官公署や軍事施設、軍需工場）を守るため、周囲の民家を取り壊し空き地をつくった。

人員疎開……老人や婦女子を都市から疎開させた。組織的には学童疎開。

（『世界大百科事典』平凡社より）

政府や軍部は、原則として〝避難はするな〟〝わが家はわが手で守れ〟ということをいっていました。国民は「自己の持ち場を守れ」と説かれていたのです。東条英機首相は「国民精神の基盤は日本の家族制度であって死なばもろともという気概が必要だ。家族の疎開などもっての外である」と発言していました。

ところが、空襲が始まってみると、それは、わが手でわが家を守れるというような生やさしいことではなかったのです。

1942年4月18日　米陸軍機、日本本土初空襲（ドゥーリットル空襲、東京、横須賀、名古屋、四日市、神戸）。東京で死者三九人、負傷者三〇七人。この直後、住民、生産施設の疎開、分散を具体化

1943年9月21日　閣議決定「現情勢下ニ於ケル国勢運営要綱」の「四、国内防衛態勢ノ徹底強化ノ為」にとして……人口の地方分散計画を実行する、と決定

1944年6月15日　米軍、サイパンに上陸開始（7月7日、日本軍全滅）

6月16日　米軍B29の四九機が北九州の製鉄所爆撃（中国・成都発）
6月30日　B29による本土空襲必至となり、「学童疎開促進要綱」を閣議決定
1945年3月9日　「学童集団疎開強化要綱」を閣議決定し低学年児童の参加を可能にした。疎開児童は約四五万人と推計された。
このほか「作戦上の必要から」沖縄県児童約七〇〇〇人を熊本・宮崎・大分各県へ。種子島児童約五五〇〇人を鹿児島県へ、小笠原島児童約三〇〇人を長野県へ疎開させた。

二　沖縄県からの学童集団疎開と一般疎開

(1)　沖縄県の学童疎開の経緯

沖縄県の国民学校児童を疎開させることが決定されたのは、米軍によってサイパン島の日本軍が全滅させられた一九四四（昭和19）年七月七日の夜の緊急閣議でした。その夜の決定は、「本土へ八万人、台湾へ二万人、計十万人を七月中に引揚げさせよ」というものでした。同時に、鹿児島県知事には、奄美群島からの引揚げを命じました。

では、沖縄県からの学童集団疎開の目的は一体何だったのでしょうか。それは、沖縄が米軍の来襲によっていよいよ戦場になるという差し迫った状況のもとで、(1)足手まといになる子どもた

ちを他所へ移す、⑵食糧消費の口数を減らす、⑶兵士予備軍の確保、などだったと指摘されています。

学童疎開は国の方針に従って実施されましたが、子どもを手放したくない親の気持ちも働いて、疎開事業は進みませんでした。このような状況下で対馬丸事件が起こっていました。

一九四四年八月二二日、学童疎開船「対馬丸」（八〇〇〇トンの老朽貨物船）は、アメリカ軍潜水艦の魚雷攻撃を受け沈没しました。対馬丸は学童、一般あわせて一六六一人を乗せていました。うち学童は八〇〇余人。生き残った学童はわずか五九人でした。亡くなった学童のうち、氏名の判明しているものは七八九人です。一般疎開者も生存者は九八人しかいませんでした。死者多数を出した対馬丸の沈没は児童の保護者にも知らせず、極秘にされました。疎開事業が続けられなくなるからでした。（財団法人対馬丸記念会発行『対馬丸あとさき』を参照）

⑵　宮崎県の学童疎開の受け入れ

宮崎県が受け入れた沖縄からの学童集団疎開は、一九四四年八月一六日、鹿児島港着の第一陣に始まり、最後は同年九月二〇日、鹿児島港着の第九陣でした。

１９４４年７月７日　沖縄から本土への学童の集団疎開を緊急閣議で決定。「本土へ八万人、台湾へ二万人、七月中に引き揚げさせよ」。

疎開学童の受け入れ先は宮崎、熊本、大分の三県でした。

8月16日　第一陣一二九人（教師、寮母、家族含む）が鹿児島に到着

9月20日　この日までに九陣到着、合計六、五六五人。

	（校数）	（学童）	（関係者）	（総数）
宮崎県へ	三二校	二、六四三人	四七七人	三、一二〇人
熊本県へ	二八校	二、六〇二人	四五七人	三、〇五九人
大分県へ	七校	三四一人	四八人	三八九人
合　計	六七校	五、五八六人	九八二人	六、五六八人

（校数六七校、学童数計六、五六五人は、『沖縄学童たちの疎開』よりの数字）

(3)　沖縄県からの一般疎開

ところで、沖縄県からの疎開には学童集団疎開の他に「一般疎開」と呼ばれる疎開もありました。この一般疎開は、疎開を禁じられた男性は含まれず、女性と子ども、子どもには当然学童も含まれました。このような家族の集団が集まって宮崎県に疎開してきたのです。

宮崎県が発行した『宮崎県社会事業史』（昭和三四年四月一日発行、宮崎県民政労働部編）の中に「沖縄の疎開受入援護事業」という一項目があり、次のように書かれています（109ページ）。

「戦火がしれつをきわめるにつれて『食糧事情ノ逼迫《ひっぱく》ト国土防衛ノ強化』の関係から沖縄及び大島等西南諸島からの疎開が開始されたが、これは政府の要請に従い鹿児島県、熊本県及び本県に特にこれが受入を指示され、実施されたものである。

本県もこれら疎開者の住宅、食糧等について市町村及び関係機関の協力を得てその受入体制を整え、次表に示すとおり昭和十九年九月以降三千五百二十七世帯、一万千六百八十三人を主として公会堂、寺院、その他公共建物等を利用して受入れ、援護に当った。

この受入れは、学童集団疎開は熊本県、その他は宮崎県、鹿児島県となっていたが受入計画が荀々の間に行われたため親子、親戚、知己が隔離して割当てられる等の混乱を生じ、戦争の悲惨を如実に物語ったものであった」（以下略）

上記引用文中に「次表に示すとおり」と書かれているように、次のページに「沖縄疎開受入状況」という表が掲載されています。その表には、県下各市町村別に受入世帯数が記入されていますす。人員欄もありますが、そこには記入がなく、合計欄のみ記入があります。本文中にあるとおり、世帯数の合計は三五二七、人員の合計は一一六八三です。

三　日向市地域への学童集団疎開受入（一九四四年）

（日向市には当時の東郷村、富島町、岩脇村、美々津町が含まれます）

学童集団疎開として日向市に来たのは、学童疎開第七陣と第九陣の子どもたちでした。第七陣は、一九四四年九月三日に鹿児島港に着きました。この日到着した中には、坪谷・福瀬・第一富高・第二富高・細島・平岩国民学校に疎開した児童がいました。この児童は、九月八日に鹿児島駅を発ち、その日の夕方にそれぞれの学校に着きました。

さらに、最後となった第九陣として九月二〇日、鹿児島港に着いた中に美々津国民学校に疎開した児童がいました。この児童は九月二三日に鹿児島駅を発ち、その日のうちに目的の学校に着きました。

	総数	児童	教員	世話人	家族	沖縄校	引率教師
東臼杵郡東郷村							
坪谷国民学校	64	56	1	4	4	普天間国民	大里朝宏
福瀬国民学校	36	34	1	1	5	嘉数国民	今帰仁朝教
富島町							
第一富高	50	45	1	3	1	浦添国民	親父祖永吉

第二富高	50	47	1	2	0	浦添国民	銘苅直榮
細島国民学校	36	32	1	2	1	東風平国民	新城盛光
岩脇村							
平岩国民学校	30	24	1	2	2	浦添国民	石川盛榮
児湯郡美々津町							
美々津国民	36	33	1			南風原国民	宮里　富

＊第一富高、第二富高国民学校は、現在の富高、塩見小学校です。第一に疎開した学童は翌年四月、第二へ再疎開しました。細島へ疎開してきた学童も門川町西門川の川内国民学校へ再疎開しました。

四　日向市への浦添国民学校学童集団疎開の経過

1944年9月1日　那覇港出港
3日　鹿児島港着
8日　列車にて鹿児島駅発、岩脇駅、富高駅に到着
9日　第一班　第一富高国民学校（富高小学校）学童　四五人
第二班　第二富高国民学校（塩見小学校）学童　四七人
第三班　平岩国民学校（平岩小学校）学童　二四人

1945年4月1日　初等科六年、高等科一年、試験を受けて富高農学校一年へ。
　高等科二年の生徒は、試験を受けて富高農学校二年へ。
　1〜2日　第一班は第二富高国民学校へ再疎開
　8月15日　戦争おわる。
　第一班、第二班の学童
　　塩見奥野、市ケ瀬の愛汗学園（海軍の施設跡）で生活
　第三班の学童
　　隣保館（平岩幼稚園、宮ノ上　浜）で生活
1946年8月16日　高等科二年を卒業、就職していた学童一名が川で亡くなる。
　9月25日　第一班、二班の学童は富高駅から、第三班の学童は岩脇駅から出発
　10月5日　沖縄に帰る

五　日向市東郷町
坪谷と福瀬への学童疎開とその記念碑

『東郷町史　通史編』第四編第三章に、「太平洋戦争下の東郷村」の見出しのところに、次のような記述があります。「昭和十九（一九四四）年には、戦場となることを避けて、沖縄からの学童

疎開児約百二十名の小学生を受け入れ、福瀬、小野田、鶴野内、坪谷に分散居住させ、福瀬、東郷、坪谷の各国民学校に通学させた」（462ページ）。

同じく第四編第七章には、「疎開児童の受け入れ」の見出しで、東郷村への学童疎開について詳述されています。

「昭和十九（一九四四）年、戦局がいよいよ不利となった六月末、政府は『一般疎開ノ促進ヲ図ルノ外特ニ国民学校初等科児童ノ疎開ヲ強度ニ促進スル』ことを閣議決定した。

この決定により、沖縄県は、約七千人の児童を、熊本県、大分県、宮崎県に疎開させることになり、本村にも百二十名の児童が受け入れられた。父母と共に疎開した児童は東郷国民学校に、教員に引率された児童は坪谷・福瀬の両国民学校で受け入れられて学業を続けた。なお、この学童達は戦後（昭和21年10月）全員沖縄県に帰った」（1213ページ）。

ここで述べられている「父母と共に疎開した児童」とは、一般疎開の児童のことで、この児童は東郷国民学校が受け入れました。「教員に引率された児童」は集団疎開の学童で、この子どもたちは坪谷と福瀬の国民学校に受け入れられたのです。

戦後、全員無事に沖縄県へ帰ることのできた疎開児童たちは、その後、地元東郷町の人々と交流が続きました。そのことが続けて述べられています。

まず、坪谷国民学校に疎開した児童たちのその後です。

坪谷小学校の「沖縄学童疎開の碑」

「現在、坪谷国民学校に疎開していた学童達は『坪谷会』を組織し、昭和五十六（一九八二）年八月、疎開記念碑を坪谷小学校に建立した。この碑の除幕式には、沖縄県から四十四名の参列者があった」（1213～4ページ）。

碑には、大きな文字で横に「沖縄学童疎開の碑」と書かれ、小さめの文字で縦に、

「次の世を　背負うべき身ぞ　たくましく
正しく生きよ　里にうつりて」

と刻銘されています。

碑の裏面には次のように書かれています。

「沖縄県宜野湾国民学校並びに普天間国民学校に在学中の私たちは、太平洋戦争が苛烈を加えた昭和十九年、強制学童疎開で引率教師併せて六十五名が本校の学童と共に戦時下の勉学に励んだ。その厳しく、また、懐かしい思い出を伝えるために、この碑を建てる。

昭和五十六年八月

引率教諭　大里朝広

保母　大里和子　寮母　我謝キヨ子
保母　前田明子　寮母　新垣春子
（※以下児童として、児童の姓名が二〇名ずつ三段に分けて六〇名刻まれています）。
もう一つの学校、福瀬国民学校に疎開した児童に関しての記述を引用します。
「次に福瀬国民学校に疎開した学童については、寝食を共にされた現区長木村喜一の文が寄せられたのでその要旨をまとめてみる。
『　引率教師　今帰仁《なきじん》朝教《とものり》
寮　母　仲村渠春子・伊波チヨ
学　童　宜野湾渡嘉敷国民学校　一年生二名、二年生二名、三年生四名、四年生三名、五年生三名、六年生九名、高等一年生三名、高等二年生八名、計三七名
思い出の一つに雪が見られると喜んでいた子供達が冬期に凍傷にかかり、泣いていた下級生を上級生がそっといたわっていたこと。また食事は雑炊であり、中味は草や木の葉、からいもの葉柄等であったこと。区民の人々の炊き出しや食料の提供等の協力があったこと。病気の子供をリヤカーに乗せて、教師と上級生が山陰や日向の病院に歩いて運んで行ったこと。
なお当時の児童に助成金が一人月額一二円五〇銭支払われていたが、高等二年を卒業すると打切られたので、口べらしのため住込みで手伝いに行く子供もいた。沖縄に米軍が上陸してか

らは子供達は親の生死の心配ばかりであったが慰めの言葉すらかけることが出来なかった。
終戦になり学校にいる訳にもいかなくなったので、上村の故川越栄氏の納屋を借り受け改造して『双葉寮』と名付けて生活が始まった。終戦となっても迎えの船がなく、一年後の九月、一人も欠ける事もなく帰って行った。現在学童達は寮の名前をとって『双葉会』を作り定期的に集まり第二の故郷と思っている福瀬をしのんでいるということである』。
以上が木村喜一氏の文章です。」（1214〜5ページ）
続けて、町史には「このことから坪谷会とともに宜野湾市に働きかけ、昭和六〇年四月東郷町と姉妹都市提携調印を結び交流が現在でも行われている」と書かれています。（1215ページ）
町史には「沖縄からの学童疎開児約百二十名を受け入れ、……福瀬、東郷、坪谷の各国民学校に通学させた」と書かれています。教員に引率された学童は、坪谷国民学校の記念碑の人数によれば六〇名、福瀬国民学校の児童の受け入れ人数は「日向地域への学童集団疎開受入（一九四四年）」の表によれば三四名です。そうであれば、東郷国民学校が受け入れた「父母と共に疎開した児童」の数は二六名ということになります。

六　日向市富高・塩見・平岩に来た浦添国民学校学童の集団疎開とその記念碑

沖縄・浦添国民学校からの学童集団疎開に関しては、三つの記念碑があり、それも同時に建立されました。これらの学童疎開記念碑を紹介しましょう。

(1)　浦添と日向――交流から碑建設の運動へ

浦添国民学校児童は、富島町（現日向市）の第一富高国民学校（現富高小学校　この第一国民学校に疎開した児童は一九四五年四月、第二富高国民学校へ再疎開した）と第二富高国民学校（現塩見小学校）、それに岩脇村（現日向市）の平岩国民学校に集団疎開しました。これらの児童は戦争が終わった後、一年と一カ月以上も経った一九四六（昭和21）年九月二五日、富高駅（現日向市駅）と岩脇駅（現南日向駅）から沖縄へ帰って行きました。

その後、疎開児童やその保護者と疎開児童を受け入れた皆さん方と、個人的なものでしたが交流が続いていました。

一九八八（昭和63）年八月二〇日、「浦添市少年の船」の一行が日向市に来訪しました。戦時中の学童疎開でお世話になった日向市などにお礼をしようと計画されたものです。浦添市長をはじめ、児童、生徒、学童疎開経験者など一五一人が参加しました。この日午前一〇時から、塩見小学校で歓迎式があり、宮本日向市長、渋谷校長らが「ようこそ日向市へ」と歓迎のことばを述べ、比嘉浦添市長らが「学童疎開のときは、たいへんお世話になりました。当時の学童は教師など立派に成長しています。日向市は第二のふるさととして忘れることはできません。戦争のない明るく平和な社会を作りましょう」とお礼を述べました。この後、児童・生徒は塩見臼太鼓踊りや沖縄のエイサー踊りを披露するなどして友好を深め合いました。

一九九五（平成7）年一一月二二日には、沖縄・浦添市の人たち二〇人が「宮崎学童疎開地訪問団」として、かつて疎開した日向市を訪問し、当時の同窓生らと感激の再会をしました。かつて平岩国民学校に疎開した一行の当山全弘団長は「疎開先では本当にお世話になった。これを機に浦添市と日向市との交流が深まることを望んでいる」と述べました。

このような交流があり、日向市では、先に組織的な動きを始めている浦添市と、こちらも組織を作って交流しようという機運が高まりました。このような動きの中から一九九七年八月二九日、学童集団疎開浦添・日向交流会が発足しました。

日向交流会が出来ると早速翌年五月には、日向交流会の三九人が浦添実行委員会を訪問し、学童集団疎開記念碑の建立について協議しました。浦添実行委員会、日向交流会は各自の所属市長へ記念碑建立の協力を陳情しました。両方の市議会は記念碑建立の請願を採択するに至り、その結果、両市において、同年一一月には、記念碑建立具体化の協議が始まりました。日向交流会は、沖縄からの疎開児童が学んだ学校にも記念碑を建てようと運動を始めました。

学童集団疎開沖縄県浦添・日向交流会が作成した「塩見小学校と平岩小学校に学童集団疎開記念碑建立の寄付金のお願い」という寄付金を募る文書があります。文書はこう述べています。

「戦争が終わって半世紀が過ぎました。今、日本はその平和を謳歌していますが、然《しか》し父を夫を兄をそして息子をと多くの同胞を失った代償は、余りにも大きく計り知れません。今日の日本の平和の陰に戦争犠牲者、戦争従事者たちの尊い血と汗のそして涙の結晶があることを決して忘れてはなりません。そして沖縄戦、学童集団疎開を語るとき祖父母を父母を兄姉を弟妹を失ったことを加えなければなりません」と、このように書き始め、日中戦争から始まった戦争は太平洋戦争へと突入し、敗戦を重ねつつ、「最後の戦場として残ったのが沖縄だったのです」。「このままでは、数知れぬ非戦闘員を戦渦に巻き込むことになる」として「学童を戦火から守ろうとしたのが国策による学童集団疎開であったのです」と述べています。

以上のように戦争の経過に触れつつ、「疎開者の皆さんが廃墟と化した古郷浦添に着き親兄弟を亡くした悲しみを思うとき、私たちはこの悲惨な史実を未来永劫《えいごう》に忘れてはならないし、このことを後世に語り継がなければならないと思います」。

「寄付金のお願い」文書はこのように訴え、日向市と浦添市に呼びかけて、日向市役所前に記念碑を建立してもらうことになったこと、そして、日向市交流会は独自に塩見小学校と平岩小学校に記念碑を建立することになったと説明し、そのために寄付金の協力をお願いします、と結んでいます。日付は二〇〇一（平成13）年四月二八日です。

そうして、早くも同年一〇月三〇日には記念碑除幕式が開催されました。除幕式には、浦添市から儀間光男市長をはじめ三二人を迎え、日向市民合わせて約二〇〇人が参加しました。三カ所に記念碑が建立されたので、三カ所それぞれの建立場所で除幕式が開催されました。

一〇時　日向市役所前広場の記念碑除幕式
一三時　塩見小学校の記念碑除幕式
一五時　平岩小学校の記念碑除幕式

(2)　学童集団疎開記念之碑（日向市役所玄関前）

記念碑横の石板には、浦添国民学校の学童一一六人とその引率教師三人および学童の家族や世話人一一人の一三〇人が戦火を逃れるために当地に疎開し生活したことが述べられ、そこで芽生えた学童をはじめ関係者たちの熱い愛情が受け継がれ、戦後五六年を経て記念碑建立となった、と述べています。

そして、二度と学童疎開が起こるような戦争をしてはならないことを心に刻み、その実相を後

市役所前に建立された記念碑の除幕式
であいさつする当山全弘浦添代表団長

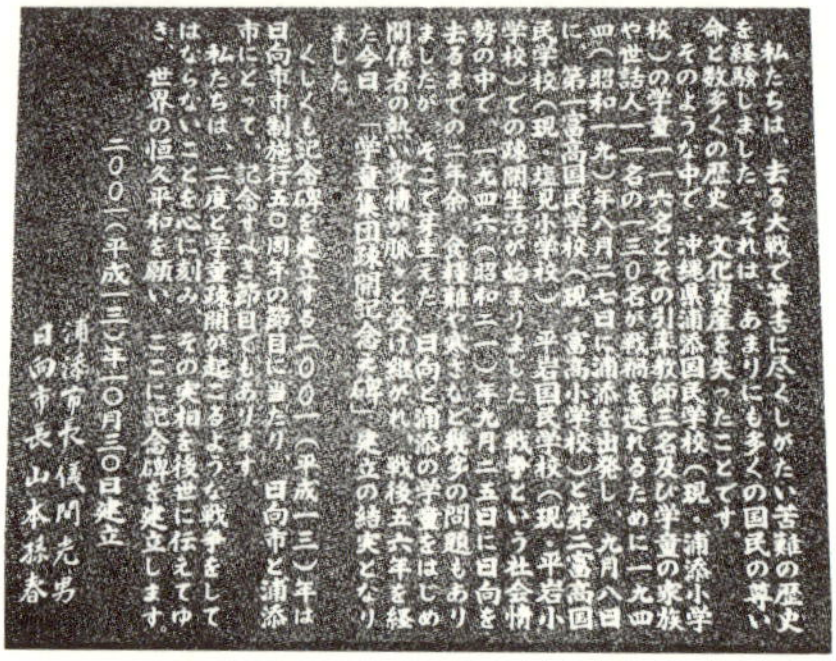

私たちは、去る大戦で筆舌に尽くしがたい苦難の歴史を経験しました。それは、あまりにも多くの国民の尊い命と数多くの歴史・文化遺産を失ったことです
そのような中で、沖縄県浦添国民学校（現・浦添小学校）の学童一一六名とその引率教師三名及び学童の家族や世話人一一名の一三〇名が戦禍を逃れるために一九四四（昭和一九）年八月二七日に浦添を出発し、九月八日に、第一富高国民学校（現・富高小学校）と第二富高国民学校（現・塩見小学校）平岩国民学校（現・平岩小学校）での疎開生活が始まりました。戦争という社会情勢の中で、一九四六（昭和二一）年九月二五日に日向を去るまでの二年余、食糧難や寒さなど幾多の問題もありましたが、そこで芽生えた日向と浦添の学童をはじめ関係者の熱い友情が脈々と受け継がれ、戦後五六年を経た今日「学童集団疎開記念之碑」建立の結実となりました。
くしくも記念碑を建立する二〇〇一（平成一三）年は日向市市制施行五〇周年の節目に当たり、日向市と浦添市にとって記念すべき節目でもあります。
私たちは、二度と学童疎開が起こるような戦争をしてはならないことを心に刻み、その実相を後世に伝えてゆき、世界の恒久平和を願い、ここに記念碑を建立します。
二〇〇一（平成一三）年一〇月三〇日建立
浦添市長 儀間光男
日向市長 山本孫春

記念碑右横に設置された説明文

世に伝えてゆき、世界の恒久平和を願い、ここに記念碑を建立します、と結んでいます。この記念碑は浦添市と日向市によって建立されました。

（日向市役所旧庁舎正面玄関前に設置されていた学童集団疎開記念之碑は、二〇一八年五月の庁舎建て替えに伴い、新庁舎正面玄関右手に移設されました）

(3) 塩見小学校に建立された学童集団疎開記念之碑（塩見小学校運動場）

一九四四（昭和19）年九月八日午後六時ごろ、浦添国民学校の第三班三〇人が岩脇駅（現南日向駅）に着きました。宿舎は宮ノ上浜の岩脇隣保館でした。第一班五〇人と第二班の五〇人は富高駅（現日向市駅）で下車しました。第一班の宿舎は第一富高国民学校（現富高小学校）の家庭科室、第二班の宿舎は第二富高国民学校（現塩見小学校）の教室でした。なお、この列車には東風平《こちんだ》国民

愛汗学園跡に立つ佐藤忠次郎さん（2016年３月５日）

塩見小の学童集団疎開記念之碑

学校（沖縄県八重瀬町）の学童ら三六人も乗っていましたので、富高駅で下車し、細島線に乗り換えたものと思われます。

翌一九四五（昭和20）年三月一八日には宮崎県下は一斉に初空襲を受けました。日向市財光寺には海軍の航空基地があったこともあり、激しい空襲を受けるようになりました。そのため、第一富高国民学校に疎開した一班は四月初めに第二富高国民学校へと移動しました。第二国民学校に疎開した学童の中には、地域の家庭に入り子守をしたり農作業の手伝いをする子どももいました。そのような子どもを受け入れた家庭は奥野地区に何軒か、中村地区にも何軒かあったということです。

一九四四年当時、初等科二年生だった佐藤忠次郎さんの家庭には知花栄徳さん（当時六年生）が来ていました。佐藤さんは次のように話しました。「正月には新しい下駄など買ってもらったものですが、私の家に来ていた子どもに対して父や母は何事も私と同じようにしていました。洋服など、服装

愛汗学園の子どもたち

も同じでした」。「いざ帰るときには、帰りたくない様子でした。家族の一員になっていたのですね。私たち家族もそんな気持ちでした。だから、父はみんなが帰るとき鹿児島まで送って行きました。」

一九四五年八月一五日、日本の敗戦で戦争は終わりました。しかし、学童たちは故郷に帰ることはできませんでした。沖縄は戦争で焼け野が原になり、米軍の占領下にあったからです。塩見国民学校にいた親富組永吉先生の一班が二八日に、塩見奥野の一ヶ瀬にあった海軍の兵舎跡に移り住みました。続いて銘苅真榮先生の二班が九月八日に合流しました。ここを「愛汗学園」と名づけ、周囲を開墾して自活の道に乗り出しました。二一〇〇坪の農地を拓き、農作物を作りました。牛一頭、豚一頭も飼いました。初等科の児童は塩見校へ通い、高等科の児童は宿舎で授業を受けました。

文部省は、一九四五年九月一五日付で次官名による「戦災孤児等集団合宿教育ニ関スル件依命通牒」を「各地方総監」宛に発しました。それによれば、文部省は、「戦災孤児及集団疎開並ニ集団引揚ノ児童ニシテ家庭ノ情等ニヨリ」引き揚げ困難な児童等の今後の教育に関しては、集団合宿教育を行うことを考え、その合宿教育所には、附属農場を附設させ児童の勤労教育とともに食料の自給自足の方途を図らせようとしました（『沖縄学童集団疎開』142ページ）。「この通牒《つうちょう》が発せられた時点での疎開学童の食費は依然として一人一月二十三円。もっとも、この年の十二月から五十三円。翌二十一年四月からは六十円に増額されている」（同書143ページ）。

戦後の食糧事情は極度に悪化していましたから、疎開学童たちは、文部省の通牒が出されるまでもなく、何らかの手段で食糧を見つけ出さなければならなかったのです。先生を先頭に愛汗学園の児童は畑作りを始めました。

(4)　平岩小学校に建立された学童集団疎開記念之碑（平岩小中学校校門脇）

平岩国民学校に疎開した浦添国民学校からの第三班三〇人を引率したのは石川盛榮先生でした。その先生が、平岩に疎開したときのことを書きとめた文章が「平岩小学校創立百周年記念誌『天地生気』」（一九九五年発行）に載っています。

先生は記念誌に次のように書きました。はじめに「私達は今から五十年前の戦争中に……岩脇村にお世話になった」とお礼を述べています。そして、疎開者の内訳が書かれています。

平岩小の学童集団疎開記念之碑

学童　　　　二四人
引率教員　　一人
寮母　　　　一人
世話人　　　一人
幼児　　　　三人
　　計　　三〇人

つづけて、宿舎は宮ノ上の岩脇隣保館（隣保館は疎開学童が来るまで宮ノ上幼稚園であった）であったこと、宮崎入りしたのは昭和一九年の九月八日であったことが述べられ、次のように書かれています。「受け入れ校の平岩国民学校の校長石川義治先生が、鹿児島の私たちが投宿している旅館まで、わざわざ出迎えに見えていました。勝手のわからないはじめての旅で、ほんとうに有り難い事だと思いました」。そしてまた、「岩脇駅で汽車から降り立って見たら、沢山の人々が出迎えに来て待っていました」。隣保館に到着した「その晩から、隣組や婦人会や篤志の方々から芳志のいろいろなおくりものがとどけられました。翌々日、平岩国民学校では受入式があってそれぞれ該当学年の学級に編入をされて、何の支障もなく授業が受けられるようになりました」。婦人会手製の布団類が寄贈され、わら草履《ぞうり》の贈り物、その時々の果物や野菜などもいただき有り難かった、と述べられています。

「ところが、終戦を境にして、食糧はいよいよ不足し、物資はますます窮乏し、物価は急上昇してとどまる所を知らず、学童たちのくらしも政府予算による生活費だけでは足りなくなり、食糧も配給だけではどうにもならなくなりました。

そこで私たちは、自分たちで食糧増産に着手しました。土地を借りて開墾したり、学校や個人の畠を借りたりして、小むぎ、野菜、いも等を作りました。それから私どもの宿舎が海近くにありましたので、海水を煮つめて食塩づくりもしました。トタンで鍋をつくり薪を集めて、天気の日は毎日塩炊きをしました。そして、食塩と米やいもや野菜等との物々交換で食糧をおぎないました。こうして学業のかたわら、皆一生懸命に働きました」。

石川先生は、このように疎開の頃を振り返っています。そして最後に、岩脇も平岩も第二の故郷であり、平岩国民学校は第二の母校であります、と文章を結んでいます。

昭和20年２月11日紀元節の日、疎開学童と石川盛榮先生（白い服）と平岩校の先生たち。隣保館で

子どもたちの疎開先での生活は、二年一カ月間に及びました。戦争を逃れてきたはずの日向市も、まもなく、はげしい空襲を受ける毎日になりました。食糧もない、衣類もない、何もないという耐乏生活でした。そんな中で、お父さんやお母さんの元をはなれてきた子どもたちにとっては、疎開生活がとても寒い（ヒーサン）、ひもじい（ヤーサン）、寂しく（シカラーサン）つらいものでした。

寂しくつらかった疎開先から帰ってみると、ふる里は戦争で破壊しつくされていました。そして、家族にも死者がいっぱいでした。

平岩国民学校に来ていた二四人の学童のうち、お父さん・お母さんの両方を亡くした人が四人、お母さんが亡くなっていた人が五人、お父さんが亡くなっていた人が二人いました。当山全弘さんは、帰ってみたら家族は誰もいなくなっていて、生き残ったのは疎開していた自分だけでした。そのとき、全弘さんは五年生でした。一八四ページ上の写真、市役所前に建立された記念碑の除幕式であいさつした浦添代表団長その人です。

七　細島国民学校に来た東風平《こちんだ》国民学校からの学童集団疎開

戦争末期、沖縄の東風平国民学校の児童が学童集団疎開で日向市細島の細島国民学校（現細島小学校）に疎開してきました。このことに関する記念碑などはありませんので、『沖縄学童集団疎開』（三上謙一郎著　鉱脈社刊）に従って紹介しましょう。

同書に「『東風平町史』によると、「八月二九日、一一七名の学童たちは……貨物船英彦山丸の乗客」となり「九月三日無事平穏に鹿児島港に上陸」している。……疎開先は門川町・富島町である。（ただし、東風平校の疎開数は『名簿』によると、「一七六名、内学童一四九名」である）」と書かれています（57ページ）。この東風平国民学校からの疎開学童の受入校は、次のとおりです。

			総数	児童	教員	世話人	家族	引率責任者
東臼杵郡	富島町	細島国民学校	36	32	1	2	1	新城盛光
	門川町	草川国民学校	30	24	1	3	2	神里ヨシ
		川内《かわち》国民学校	40	34	1	3	8	原国政朝
		門川国民学校	70	59	1	2	3	知念善榮
合計人数			176	149	4	10	14	

注：総数１７６、児童１４９。合計人数や川内校、門川校の合計人数は合わないがママ。前掲書の「学童集団疎開受入一覧表」67、68ページより

細島国民学校（現細島小学校）に疎開してきたのは、一九四四（昭和19）年九月三日、鹿児島港に到着した東風平国民学校からの一七六人のうち、児童三二人と引率の先生など四人の総数三六人でした。一行は九月八日、富島町細島（現日向市細島）に着きました。

そのときの様子を前掲書は次のように伝えています。

「一行の列車が細島駅に着く頃、辺りは夕闇に包まれていた。窓外を見ると、無数の灯りが揺れている。細島の人たちが手に手に提灯《ちょうちん》を持って出迎えた灯りであった。引率訓導の新城盛光先生は『あのときの光景は今でも忘れません。瞳の裏にはっきり焼き付いています』と、四十七年ぶりに訪れた細島で語っている』」（同書120ページ）

「東風平校の宿舎は細島校の校舎二階の東端にある裁縫室であった」

つづけて同書はいくつかのことを紹介していますが、簡略化して箇条書きにします。

・この宿舎で一番困ったことは便所が遠いことであった。冬の夜は便所に行くのが億劫《おっくう》なため、男の子は二階の廊下の窓から放尿した。

・学童が宿舎に入ったとき、新城先生は感激した。部屋の一隅に夜具が一式、頭の数だけ用意してあったからだ。婦人会員が急遽縫いあげた心尽くしの布団であった。

・疎開した細島は漁業が盛んであった。魚が水揚げされると、鯵《あじ》や鰯《いわし》が叺《かます》いっぱい宿舎に届けられた、と新城先生は言う。

一九四五（昭和20）年になると東風平校は門川町の川内国民学校（現西門川小）に再疎開しました。前掲書によれば、戦争が激化し、銃後の食糧不足は深刻の度を深めたと述べ、「農家の労働力不足と肥料不足は生産性の低下をもたらし、いくら農村地帯とはいえ、食糧調達は難しくなった」と指摘しています。

「配給だけでは賄いきれない。東風平校の世話人・山城チヨ（現姓嘉数）さんは、リヤカーを引いて買い出しに向う日々が続いた。買い出しは細島にまで伸びた。細島で受けた親切が忘れられず、片道八キロの道程を通った。高学年の学童二〜三人が交代でお伴についたと言う。」（前掲書129ページ）。

東風平国民学校の子どもたちは、細島国民学校から門川の川内国民学校へ再疎開しています。そのため、学童疎開記念碑など、何か残されたものはないかと思い、遅まきながら二〇一九年四月一〇日に、当時の川内国民学校（現西門川小学校、二〇二〇年三月末に廃校の予定）へ行ってみました。校長先生にも会いましたが、記念碑や当時のことを伝える記念誌もありませんでした。

しかし、たまたま、農作業中の神谷惣一郎さんに会うことができました。神谷さんは、一九三二（昭和7）年一一月生まれで疎開学童が来たとき高等科一年生でした。神谷さんの話では、学童たちは学校の前（南側）にあった公会堂（今の公民館）で生活し、何人かは個人の家に住まったということです。神里という女の先生がおり、男の先生もいたといいます。親しい友だちに知念えいいち（どんな字かわからない）という人がいた。その他に島袋、大城君もいたといわれたが、「もう、あまり覚えていることがない」ともいわれた。

（二〇一九年四月一五日）

八　児湯郡美々津町に集団疎開した南風原《はえばる》国民学校児童と疎開記念の碑（美々津町菅原神社境内の高松児童遊園）

沖縄へ帰る直前、高松公会堂前で
（記念碑除幕式の式次第掲載の写真より）

沖縄から学童疎開第九陣として、一九四四（昭和19）年九月二〇日、一進丸で鹿児島港に到着した疎開児童の中には、南風原国民学校の子どもたち一四六人も含まれていました。そのうち学童三三人と引率の先生など合わせて三六人は、九月二三日鹿児島駅を出発し、その日のうちに児湯郡美々津町の美々津国民学校に到着しました。

橋口義弘さん（一九三三年九月二六日生、日向市美々津町一一七五番地）は次のように語りました。

「児童ははじめ学校の裁縫室に宿泊しましたが、そののち空襲が激しくなり、また特攻隊の部隊が美々津国民学校に駐屯するようなったので、疎開児童は落鹿《おとし》公会堂、高松公会堂、宮ノ下公会堂に移り住んだのです（公会堂とは、今でいう公民館のことです）。通学には子どもの足だと高松地区から学校まで一時間ぐらいかかり

橋口義弘さん（2019年３月）

ました。履き物はわら草履が多かったので、雨の日など草履が途中で壊れたりしたものです。公会堂には風呂がなかったので、公会堂の近所の人たちがお風呂の世話をしました。」

注：美々津国民学校に軍隊が駐屯したというのは、一九四五年五月に特攻艇「震洋」の第一二一震洋隊が美々津に進出し、美々津国民学校、その他に駐屯したことを意味します。

学校を追われた児童はお寺や神社、公会堂で勉強しました。

戦後は、一九七三（昭和48）年に南風原町の当時の引率教師と児童二五人が美々津を訪問し、その後美々津から一五人が南風原を訪れるなど、交流が続いていました。

南風原町は、毎年平和学習交流事業を行っており、事業が一一回目となった二〇〇四（平成16）年には、宮崎の学童疎開地を訪問しました。当時の南風原村からは、西都市や高鍋町にも学童集団疎開していましたので、今回の平和交流事業では、これらの市町と日向市美々津町を訪問したのです。訪問最後の日となった八月六日、小学生一四人を含む約四〇人が美々津町を訪れました。

夕刊デイリー新聞（二〇〇四年八月六日付）は次のように報じています。

「同市美々津支所で行われた交流会では、南風原町の小学生と美々津中生徒が、自分たちの市や町、学校について紹介した後、戦争当時、美々津に引率してきた宮城トミさん（82歳）に代わって長男の寛諒さん（52歳）が体験談を話した。寛諒さんは『母はこちらで二、三年暮らしたと聞いている。食料のない時代だったが、皆さんのおかげで誰も大病することなく、沖縄に帰ってくることができた。その節は大変ありがとうございました』と述べた。当時、美々津国民学校の六年生で同町から疎開してきた人と勉強した緒方英正さん（72歳）は『トミ先生が昔の面影を残しておられ、懐かしい思いでいっぱい。あのころは勉強どころではなく、食糧確保に専念されていた。いろいろ苦労されたと思う。』」

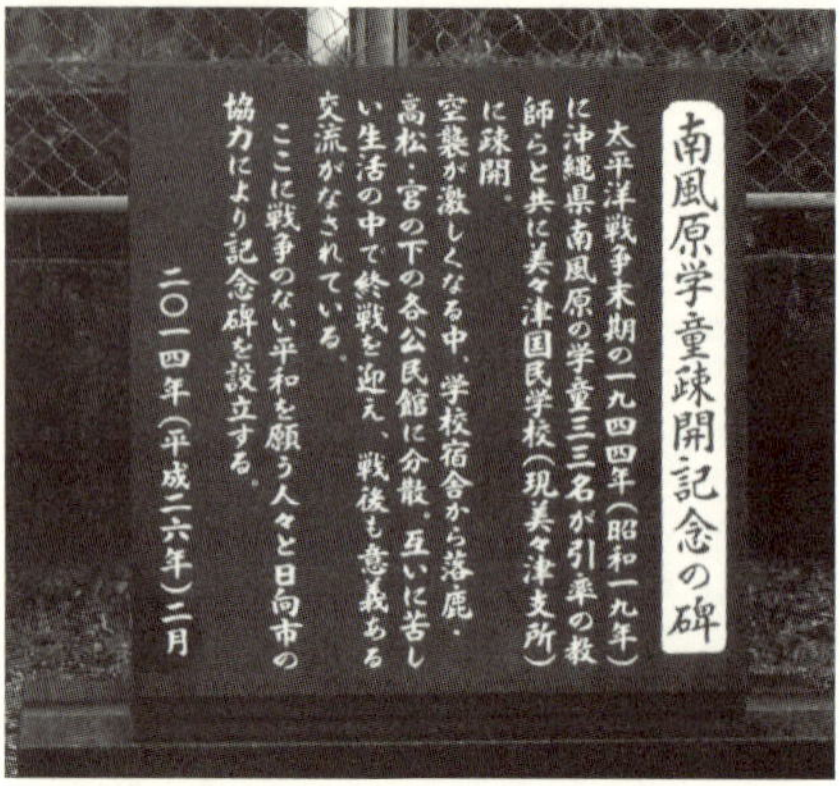
南風原学童疎開記念の碑
太平洋戦争末期の一九四四年（昭和一九年）
に沖縄県南風原の学童三三名が引率の教
師らと共に美々津国民学校（現美々津支所）
に疎開。
空襲が激しくなる中、学校宿舎から落鹿・
高松・宮の下の各公民館に分散、互いに苦し
い生活の中で終戦を迎え、戦後も意義ある
交流がなされている。
ここに戦争のない平和を願う人々と日向市の
協力により記念碑を設立する。
二〇一四年（平成二六年）二月
菅原神社境内に建立された記念碑（2014年）

交流会の場では、児童生徒が郷土芸能を披露し合いました。南風原町の小学六年生はエイサーを、美々津中学校の生徒は約二五〇年前から伝わる「別府の盆踊り」を菅笠《すげがさ》に浴衣姿で踊りました。

南風原町（当時は南風原村）から集団疎開してきた学童と一緒に学んだ地元の人びとは、子どものときのことを思い出し、後世に何かを伝えたいと考えました。その結果、疎開学童の記念碑を建てることに意見の一致を見ました。記念碑建立に対する人びとの思いは次のように書かれています。「当時十分なおもてなしもできなかったという後悔の念と、二度とこのような悲劇を繰り返してはいけないとの願い、そしてこの史実を後世に伝えるため」だと。そのために、「高松、宮の下、落鹿の地区民や市内の有志」が努力し、「日向市の支援」も得て疎開学童の記念碑を建てることができました（記念碑除幕式の式次第に書かれている「経過」より）。

「南風原学童疎開記念の碑」の除幕式は、二〇一四（平成26）年二月二二日に開催されました。記念碑建立には、疎開学童と一緒に学んだ地元の有志や賛同者が記念碑設立実行委員会（橋口義弘会長）を結成し、記念碑建立を実現させました。記念碑は、日向市の補助金と各地区の住民からの寄付金約五二万円をかけて建立されました。

【参考文献・資料】

『学童集団疎開史　子どもたちの戦闘配置』（逸見勝亮著　大月書店刊）
『沖縄学童集団疎開』（三上謙一郎著　鉱脈社刊）
『沖縄学童たちの疎開』（琉球新報編集局学童疎開取材班著　琉球新報社）
『東郷町史　通史編』（1999年3月31日発行）
塩見小学校と平岩小学校に学童集団疎開記念碑建立の寄付金のお願い
日向市市制施行50周年記念事業　学童集団疎開記念碑建立事業
学童集団疎開記念之碑建立祝賀会　記念碑建立経過報告
南風原学童疎開記念の碑除幕式（式次第）
夕刊デイリー新聞記事　他

（二〇一九年三月）

第九節　日向市の空襲と空襲犠牲者

一　空襲について

日本の初空襲は、一九四二（昭和17）年四月一八日でした。日本から遠く離れた太平洋上の空母ホーネット号から発進した、ドゥーリットル大佐指揮のＢ25中型爆撃機一三機が、東京・横須賀・名古屋・四日市・神戸の五都市を奇襲したのです。空襲を受けた地域の人々は大変な驚きでした。

一九三九年に防空法が制定されていますが、その頃はまだ被爆経験がありませんでしたから、防空訓練は想定に基づくものでした。四二年には、空襲になったら押入れに隠れるように指示されていましたが、翌年からは、縁の下あるいは庭に防空壕を掘るようにと指示が変わりました。

一九四四（昭和19）年六月一六日、北九州が二〇機のＢ29に空襲されました。これ以後、本土空襲は連日のように繰り返されることとなり、銃後の生活も危機に直面するようになりました。

この年六月、マリアナ諸島に上陸したアメリカは、そこに基地を完成させ、一一月からＢ29による本格的な日本空襲を開始しました。初めは、高々度精密爆撃による東京や名古屋などの航空機工場や軍工廠《こうしょう》がねらい打ちされていました。しかし、四五年三月以降は低空飛行から大量の焼《しょう》夷弾《いだん》を投下する市街地無差別爆撃になりました。

このような空襲による被害は、原爆を除き、死者約二五万六〇〇〇人、焼失家屋約二二一万戸、罹災者約九二〇万人にのぼりました。

二　宮崎県の空襲

沖縄作戦に先立って、九州の基地はアメリカによって徹底的に叩かれました。その始まりは、一九四五（昭和20）年三月一八日でした。九州に接近した一六隻（大本営発表は六隻）の空母からなる機動部隊から発進した一四〇〇機の艦載機が九州一円を襲ったのです。宮崎県内各地の初空襲は、この日のことでした。九州に接近した敵の機動部隊から発進する艦載機は、九州侵攻にはほとんどすべてが宮崎の空を通過しました。また、マリアナ基地から飛来するB29の進入目標地点も都井岬でしたから、宮崎県は最も危険な状況下に置かれました。

以下に、「日本の空襲――八　九州」（日本の空襲編集委員会編　三省堂）の巻末の「九州の主要空襲関係年表」から宮崎県関係のものを抜き書きしてみます（年は一九四五年、以下月日です。「〇〇碑」がある、「〇〇塔」がある、の挿入文は著者による）。

3・5　延岡地区に北支か成都方面より来たB29が投弾、伊形村で一人即死
3・18　高鍋町で市街地三分の一焼失。B29が宮崎市などに投弾
3・20　夜間、富島町（日向市）にB29が投弾
3・28　熊本・大分・宮崎・鹿児島県下に艦上機約一三〇〇機が来襲、銃・爆撃を繰り返す。B29が一機富島町に墜落
3・29　艦上機が宮崎・鹿児島・熊本・大分・長崎県下を波状攻撃
4・8　艦上機とB29が鹿児島・宮崎・五島列島などを空襲
4・11　特殊漁船団を油津（日南市）沖でグラマンが襲い死者が出た（日南漁港に「海難慰霊塔」がある）
4・16　B29の沖縄支援九州作戦が開始される（5・11まで九州各地は連日空襲される）
4・17　B29が九〇機、都城・大分ほかに来襲
4・18　鹿屋・笠原・串良・国分・都城などにB29約六〇機来襲
4・25　新田・高鍋・川南地区一円に時限爆弾投下
4・26　B29が一〇〇機および小型機が各地に来襲。宮崎の市街地被災
5・2　ロッキードP38が延岡市郊外の漁村を焼夷弾と機銃で攻撃し、授業中の学校を機銃掃射（島野浦小学校に「学童戦災之碑」がある）

5・8　B29と小型機、都城市街地などを無差別攻撃（都城農業高校に「動員学徒被爆殉没之碑」がある）

5・11　B29が北九州・宮崎・都城・大分に投弾。宮崎では師範学校の生徒六人、付属国民学校の児童一五人死亡（中津瀬町に「いとし子の供養碑」がある）

5・14　前日に続き艦上機が都城以北の中・北部九州を攻撃（都農小学校に「殉職三先生之碑」がある）

6・19　B29が二二一機、福岡を夜間焼夷攻撃、宮崎にも投弾

6・22　B29が大分・富島などを爆撃

6・26　B29、延岡に投弾

6・29　B29、一二六機が二九日未明にかけて延岡に夜間焼夷攻撃。死者三五〇人、行方不明八人、重軽傷五九人、焼失世帯三七七四戸（今山公園に「延岡空襲殉難碑」、延岡中学校に「栗田彰子先生の碑」がある）

7・1　翌二日未明にわたってB29が一五四機、熊本地区を夜間焼夷攻撃。都城、枕崎なども被災

7・15　B29と中・小型戦爆連合が鹿児島・大分・宮崎・熊本・長崎・福岡・山口を攻撃。富島町は大型機が爆撃

8・4　未明、Ｂ29が延岡に投弾。昼はＢ24が延岡爆撃

8・6　広島に原爆投下。鹿児島市内を襲撃。都城も戦爆連合一〇〇機前後の焼夷攻撃と銃撃で壊滅的被災。死者八六人、負傷四三人、罹災者一万七二八七人（神柱公園に「都城空襲犠牲者追悼碑」がある）

8・10　早朝より戦爆連合約二一〇機で熊本県下一円銃爆撃。小林では国民学校児童の列を機銃掃射、即死一一人、負傷五人（西小林小学校に「殉難者の碑」がある）

8・11　早朝より戦爆連合、数百機九州各地を攻撃。大分と延岡で鉄橋破壊。八月一〇、一一日は宮崎の大空襲

8・12　宮崎市、焼夷攻撃で被害大。門川町をロッキード六機が空襲

三　日向市の空襲

(1)　富島町・岩脇村（現日向市）の空襲と犠牲者

『日向市の歴史』（日向市総務課発行　以下『日向市史』と略）は「青木日記」（名誉市民青木市蔵氏の日記）に基づいて、富島町の空襲を警戒警報や空襲警報の出された日時、機銃掃射や爆弾投下のあった日時、場所、被害の状況などを列記しています（440～5ページ）。ここでは、その中から、機銃掃射や爆弾投下が実際にあったとする空襲のみを拾い出して列挙しました。筆者が調査して

明らかになった日向市内の空襲とその犠牲者名も書き加えました。

＊　東臼杵郡富島町は、一九三七（昭12）年に富高町と細島町が合併して成立しました。一九五一年に富島町は岩脇村と合併して日向市となっています。一九五五年には美々津町を合併、さらに二〇〇六年、東郷町を編入して今日の日向市となりました。

3・18　富島町、初空襲を受ける
3・28　B29、町内の市街地に近い不動寺の山に墜落
4・21　B29、一機が飛来し、富高海軍飛行場（以下単に飛行場と記す）を爆撃
4・22　B29、一八機が飛来し、飛行場に爆弾投下、格納庫が焼けた
4・26　雨天の雲の上から投弾。飛行場、櫛の山、塩見、富高、秋留、平岩などを盲爆
4・30　敵機約一〇機が来襲し財光寺を爆撃、人家七棟破壊
5・10　細島上空に一機来襲、約一〇個の爆弾投下。二人重傷、二人軽傷
5・13　江良や細島で銃爆撃、細島で一人死亡（黒木トクさん、四五歳）
5・14　大編隊による空襲、九州造船や畑浦、細島、飛行場などに銃爆撃
5・25　B29来襲、岩脇村山ノ田で一人死亡（木田福松さん、六六歳）
6・22　B29が一機来襲、財光寺と細島を爆撃
7・12　艦載機一二機が機銃掃射

7・15　財光寺でB29が小型爆弾投下、一人死亡（相高実さん、一五歳）
7・16　グラマン数機来襲、細島に小型爆弾を投下
7・27　突然空襲があり、富高新町、塩見橋の北西などに投弾
7・31　塩見でグラマンが機銃掃射、二人死亡（平山正雄さん、五一歳。太田初行さん、八歳）
8・5　岩脇村幸脇の飯谷で機銃掃射、一人死亡（黒木善蔵さん、六五歳）
8・9　日知屋から細島港にかけて爆弾と焼夷弾による爆撃
8・11　空襲があり、財光寺、原町、中原で爆弾投下、原町で一人死亡（原町で一人死亡とあるが、探しても見つからない。一二日の上原クニさんのことではないか）
8・12　原町に爆弾投下があり、一人死亡（上原クニさん、六九歳）

(2)　空襲で亡くなった人びと

前掲の『日向市史』は、「富島町は連日のように空襲に悩まされ、その被害も、面積にして一・五平方キロメートル、人口にして三三八三人、六八九世帯におよび、死者四名、負傷者六名と、県内でも宮崎、延岡、都城の三市についで大きな犠牲を出しました」と述べています。『日向市史』は、空襲による死者を四人としながらも、死者が出たのは五月一三日に一人、七月一五日に

相高実さん、八月一一日に原町で一人亡くなったと書いているだけです。名前も相高実さん以外はあげていません。四人ならば、あと一人はいつどこで亡くなったのか、相高さん以外の三人は誰なのかということがわかりませんでした。もしかすると、亡くなった方の実名は意図的に伏せてあったのかもしれません。

私は、空襲による犠牲者を探し、その時の状況を、ご家族やご親戚、事情を知る皆さん方にお聞きしました。その記録を紹介します。私の現在までの調査では、「①富島町の空襲」のところに書きましたように、空襲による犠牲者は七人になりました。

①空襲犠牲者　黒木トクさん

　原因　細島八幡《はちまん》区の自宅で、機銃弾が当たり即死

　日時　一九四五年五月一三日午後二時頃　年齢　四五歳

『日向市史』の四四三ページの（昭和20年）五月一三日のところに、「朝空襲警報。艦載機が数回にわたって来襲し、江良や細島で銃爆撃をしました。家屋数軒が破壊され一人がそのために死にました」と書かれています。私は、この記述を頼りに二〇〇二（平成14）年三月六日、空襲による死者はどこの誰かを探しました。江良や細島を捜し回り、多くの人にたずねました。細島の二人のお年寄りの女性が知っていました。「（細島）八幡区の鉾島神社の西側、消防機庫の西隣で

今は空き地になっているところにあった家のおトクおばさんが亡くなった。五〇歳ぐらいじゃったじゃろか。娘さんが細島支所の裏に住んでいる」と教えてもらった。娘さん宅に行ったが留守だったので、夕刻に再訪し、黒木トクさんの娘さん、児玉チヨ子（通称イチ子）さんから話を聞くことができました。

「私の家は鉾島神社の南隣にありました。母が亡くなったのは、昭和二〇年五月一三日のことです。この頃はまだ防空壕は掘られていない頃で、空襲の時には焼夷弾が落とされると火事になるから、一人ずつは家に残るように触れがまわっていました。そのあと、機銃が来るようになると、布団をかぶるようにいわれました。

このような指導があっていた頃の五月一三日、午後二時頃だったと思います。私（当時二一歳）は、その時警防団で出ていて、飛行機が来たときは地面に伏せました。この頃は、はらばえといわれていましたから。母と姉は家の中で一緒に布団をかぶっていました。ところが、母は右腕肩の所に銃弾が当たり、心臓をやられて即死でした。その時、母は四五歳でした。布団を一緒にかぶっていた姉は無事で、姉の横にあった木製の火鉢にも弾が刺さっていました。

この頃からあと、みんな防空壕を掘るようになりました。はじめは、区で一つ掘っただけで、各家庭では自分ところのいもつぼに入ったりしていました。」

（児玉チヨ子さん　大正一三年三月一四日生。日向市日知屋三三七九-七九在住）

②空襲犠牲者　木田福松さん

原因　自宅近くの横穴防空壕内で、爆弾の破片が当たり死亡

日時　一九四五年五月二五日　朝、八時過ぎ　年齢　六六歳

二〇〇一（平成13）年六月一一日、日向市細島の日向市史談会会員の伊藤喜造さんから、山の田の防空壕に案内するが行かないかと、お誘いを受けました。喜んでお誘いを受け、山の田の防空壕を見学しました。ところがそこで、図らずも空襲で亡くなった木田忠雄さんのお父さんの話を聞くことができたのです。木田さんのお宅には裏の土手を利用して横穴の防空壕が二つ掘ってあり、今も残っています。（防空壕については、この後「四　防空壕」のところで紹介します）。

木田忠雄さんのお父さんは、空襲で投下された爆弾のために亡くなったのですが、その日の空襲については、『日向市史』には記述がありません。地元の人たちは、富高海軍飛行場を空爆した爆弾がそれて山の田に落ちたのだろうと話しています。

防空壕を見た後、早速亡くなったお父さんのお話を聞きました。忠雄さんは福松さんの長男です。その話は次のとおりです。

「私の父は、爆弾の破片が胸に当たり即死したんです。その日は馬も死にました。爆弾が落ちたのは、本家（木田義美さん）の馬小屋（現在の義美さん宅のあるところ）でした。

父は木田福松といって、当時警防団長をしていたので、空襲警報が出たため人に触れてまわり

木田福松さん（日露戦争従軍時）

ました。みんなは防空壕に入っていましたので、遅れて入ってきた父は入り口の入ったところに座りました。そこに爆弾の破片が飛び込んできたのです。

私は昭和二〇年五月、二度目の召集を受けて二四日に家を出発し、二五日に入隊しました。父はその二五日に亡くなっていたのです。後から入隊してきた同郷の人が知らせてくれたので、部隊長にそのことを伝えて許しを受けすぐ帰りました。帰宅したのは六月二日でした。帰る途中、伊集院の駅で胴体が二つあるロッキードの空襲があり、機銃掃射を受けました。そのとき、機銃の弾がプラットフォームの柱に刺さったのをくりぬいてもって帰りました。それで印鑑をつくり、いまもそれをもっています。（弾の細いところを切り取り、鉛をつめ、木田の文字を刻んだ印鑑を見せてもらった）。

木田さん宅の庭には、裏山に向かって横穴防空壕が二つ掘られています。左側のものは三メートルぐらい掘り込んだだけのもの、右側のものは入り口は人がしゃがんで入れるぐらいだが、中は三メートルぐらい入ったところで左方向に掘り進み、広くなっており、一〇人ぐらいはしゃがんで入ることができる。左のものとつなぐつもりで掘っているときに戦争が終わってしまった、ということです。二年前までカライモを貯蔵するのに使っていたそうで、中は乾燥していてきれいでした。」

（木田忠雄さん　大正七年二月八日生。日向市平岩五〇〇〇〈山の田〉在住）

「昭和二〇年五月二五日、朝八時頃、ご飯を食べているときでした。ラジオが、いま、豊後水道をB29がこちらへ来ているといっていました。空襲警報が出ましたので、じいちゃんは、『今度はB29じゃげなからおっけなど（だそうだから大きいぞ）。みんな防空壕にはいっちょらにゃ（入っていなければ）』といいながら、家の向かいの半鐘を鳴らしに行きました。

やがてじいちゃんも防空壕に入ってきました。ばあちゃんと私が一番奥、私から見て入り口近くの左に主人の弟、右に妹がおり、じいちゃんは入り口でした。

爆弾は、いまの本家の家が建っているところにあった馬小屋に落ちました。防空壕はそこより少し奥にありました。防空壕に爆風と一緒に爆弾の破片が吹き込み、それがじいちゃんの左胸に当たって即死しました。元気なじいちゃんでした。馬小屋にいた馬一頭も死にました。

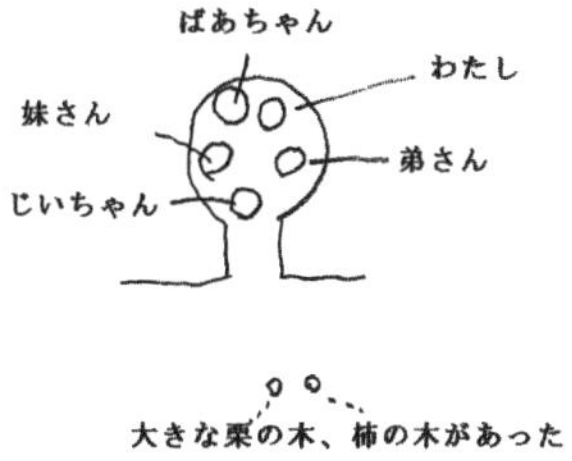

防空壕での５人の位置

じいちゃんが亡くなった後、じいちゃんばかりを家の中に寝かせて、みんなは防空壕に逃げました。

この辺には、爆弾が五発ばかり落ちました。飛び散った破片が麦藁《むぎわら》の束や、柱に刺さっていたりして、あちこちから出てきました。機銃の弾が竹に当たるとパタンパタンと音がするのでわかりました。」
（木田テルミさん　木田忠雄さんの妻　二〇〇一年六月一一日に話を聞きました。）

③空襲犠牲者　相高實さん

住所　富島町（現日向市）日知屋伊勢ヶ浜
原因　財光寺松原で、爆弾の破片が当たり即死
日時　一九四五年七月一五日午前一〇時半頃　　年齢一五歳

私は、前にも書きましたが一九八三（昭和58）年に生徒とともに、日向市地域の戦跡調査、その一環として戦死者のお墓調べもしました。戦死者の墓石はてっぺんが四角錐のようにとがっているのですぐわかります。その墓の一つ一つには、誰が何歳のとき、どこでいつ戦死したのか、兵士としての階級は何だったかなどが刻まれています。

塩見の城址公園の東、高台に水月寺があります。水月寺の周囲は墓地で、この墓地全体のお墓調べをしたのです。この墓地の一角に戦死者の墓だけをまとめて建てたところがあります。ここの調査をしたとき、生徒たちは相高實さんのお墓に出会ったのです。なお、『日向市史』の四四〇ページ以下の空襲の状況を列記したところには「七月十五日午前十時半頃空襲警報。B29、十数機が来襲し、財光寺で爆弾投下。このとき、前述した少年農兵隊の相高実君が爆撃で即死しま

した。ほかに一名が負傷し、馬三頭、牛一頭が死にました。このときのは一〇キロの小型爆弾だということです」と書かれています。

相高實さんの墓碑には次のように記してありました。

副班長　相高　實
宮崎県農兵隊第一中隊第七班副班長ニ従事作業中
昭和二十年七月十五日財光寺松原ニ於テ爆弾片創ニテ戦死
享年十五　長作四男

副班長相高實とある

この實さんの墓碑のすぐ近くに「相高　勇」さんの墓碑も見つけました。長作さんの長男で、フィリピンのルソン島で二〇歳で亡くなっています。實さんより少し前の三月の戦死でした。相高長作さんは、敗戦直前の半年間に長男と四男の二人の子どもを戦争のために失われたのでした。

私たち（高校一年生の生徒三人と私）は、實さんを知っている人を電話帳で探したところ、彼の叔母に当たる岩崎サカエさんの存在がわかりました。

岩崎甚六・サカエさん（七〇歳、六九歳、日知屋深溝）は次のように話しました。

「私は實の母の妹で叔母に当たります。あの日のことをよく覚えています」とサカエさん。そして甚六さんが次のように話しました。「實は、あのとき中学三年生だったと思います。食糧増産のため、川南にあった農兵隊(注)に徴用で入っていました。このころは、農家の子で長男でなく二、三男がおるとすぐ徴用にかけられよったです。」「休みで家に帰っていた實は、昭和二〇年七月一五日、この日、川南の隊に帰らなければなりませんでした。しかし、どうしたことか、何か考えるところがあったのでしょうか、實は隊に帰るのは気が進みませんでした。それでも父親にしかられたり、励まされたりして出かけました。そんなことのために、富高駅（今の日向市駅）で乗るはずの汽車に乗り遅れてしまい、そのため、岩脇駅（今の南日向駅）まで歩いて行って、そこから汽車に乗ることになったのです。そこで實は、一〇号線のない当時、富高駅を出発して旧国道を岩脇目ざして歩いて行ったわけです。財光寺の中ほど、松原まで行くと、急にはげしい空襲がはじまりました。財光寺には飛行場がありましたから、これを目がけて爆撃が行われたわけです。」

「實は財光寺を歩いていました。今のマルイチストアより少し北寄りのところに松原のバス停留所がありますが、そこに赤木酒店があります。その赤木光雄さんところ付近でした。はげしい空襲でしたので危険を感じて赤木さんところの防空壕に入れてもらおうとしたんです。ところが中には女の人たちが入っていて、入りづらかったんでしょう。實は入口の地面に伏せたんです。

ところが、そこから五〇メートルとはなれない田んぼの中に爆弾が落ちました。そしてその爆弾の破片が当たって死にました。駆けつけた家族がリヤカーに乗せて当時南町にあった岡村病院に連れて行きました。しかし先生はむしろをはぐってちょっと見ただけでした。

家に連れて帰ったところ、實は土をかぶったりして汚れていました。肩の辺りに破片が当たって、それで死んだんだと思っていたのです。ズボンをぬがせようとするけれど、お腹のあたりがふくらんでいてぬがせることができませんでした。そのため、ズボンやパンツをはさみで切り裂いてぬがせました。ところがそのとき、ぐるぐるにまいている腸がズルッと出てしまいました。お腹にも破片が当たって大きく切り裂かれていたんですね。」

「私は〝うみあい〟をさばくときにぐるぐる巻きの腹わたが出てくるといつも實のことを思い出すんです」と、サカエさんが口を添えました。

〝うみあい〟という魚は腸がうずまいていて、腹わたがまるまって出てくるのだそうですが、ちょうどそのようだったというのです。

「戦争のため徴用にとられて農兵隊に入りました。そしてそのために實は死んだんです。しかし、いわゆる兵隊ではなかった。軍人ではなかった。そういう理由で『戦死』ということにはならず、葬式の費用は出ずじまいです。戦後も軍人なら遺族に年金が出るのに、農兵隊の徴用については、『規定がない』ということで何も出ないいんです。」

甚六さんは、複雑な思いをいっぱい胸の内にお持ちのことと思われますのに淡々と話し続けてくださいました。私たちの方が身をかたくし、息をのんで聞いておりました。

（岩崎甚六・サカエさんの話。サカエさんは實さんの叔母。一九八三年八月）

注　農兵隊——一九四三（昭18）年六月四日、「食糧増産応急対策要綱」を閣議決定しました。「食糧自給態勢ノ確立ヲ期シ」て決定された「要綱」において「食糧農産物増産対策」のために「労力補給ニ関スル措置」として「農村青少年等ヲ以テ食糧増産隊ヲ編成」することとし、「農耕又ハ開墾ニ従事セシムルコト」にしたのです。食糧増産隊はいつしか「少年農兵隊」の俗称で呼ばれるようになりました。国民学校高等科卒業直後の一五、一六歳の農家後継者の男子を入隊させました。（福地曠昭著、『鍬の少年戦士農兵隊』参照）

④空襲犠牲者　平山正雄さん、太田初行さん

原因　二人とも自宅の庭で、機銃掃射の弾が当たり即死

日時　一九四五年七月三一日昼どき

年齢　平山正雄さん　五一歳　太田初行さん八歳

元中学校教師で郷土史家の宮越利明さんは、日向市塩見での空襲犠牲者は平山正雄さんと太田初行さんの二人だと調査し把握していました。この情報を宮越さんにいただいた私は、塩見地区の知人や塩見国民学校に勤務されたことのある永野ヤヨイ先生などを訪ね歩き、その結果、平山

正雄さんの子息、平山直雄《のぶお》さんにお会いすることができました。

平山さんたちが空襲を受けたこの日は、『日向市史』四四〇ページ以下の空襲の状況を列記したところには、「七月三十一日　数回の空襲警報発令」とあるだけです。

塩見中村地区の平山直雄さん宅にお邪魔してお話を聞きました。

「当時、私は六年生でした。私たちの家族は、塩見の朝日橋のたもとにあった、太田という母方の祖父宅に同居していました。その家は、今、私が住んでいるこの家（朝日橋近くの塩見中村地区）の少し東にあり、この家の辺りには納屋がありました。そして、納屋の後ろの山の土手に防空壕があったのです。空襲のその日は快晴で、ちょうどお昼頃でした。食事中のところに空襲警報が出て、私や父はすぐ防空壕に入ったのですが、母が来ないので父と一緒にまた家に戻りました。

平山正雄さん

家から防空壕は三〇メートルぐらい離れていました。家から防空壕にまた入ろうとしていました。ちょうどその時、北から南へ向かってグラマンが二機飛来しました。突然、家のうらの玉蜀黍《とうもろこし》畑の上を、北の方から轟音と共に、真っ黒いものが玉蜀黍の葉をゆるがすように低空で飛んで来たのです。それは米軍のグラマン戦闘機で、アメリカのマークとパイロットの姿も見えました。一機目は飛び去り、二機目が来ました。父は身の危険を感じたのか、ちょうど外に出ていた従兄弟の初行（当時八歳）の手を取り、家の西の方にあった納屋の裏手の防空壕向けて走りだしました。私もその後について走りました。一〇メートルも走らないうちに、風呂場の屋根瓦が砕け散るのと同時に、父がのけぞったのを覚えています。父は右上脇腹から左下脇腹にかけて貫通銃創を受け、従兄弟は後頭部損傷で、二人とも即死でした。

私は無我夢中で家に引き返し、床の下に潜り込みました。母と弟は抱き合って家の中でじっとしていたようです。床の下でグラマンが飛び去るのを待っているあいだ、足から血が流れているのに気づきました。右の大腿部の腰に近いところから左足膝の上にかけて、銃弾が当たって大けがをしていました。時間がたつうちに痛みと出血がひどくなり、怖くなって上隣の奈須勝元さんところへどうにか歩いて行きました。ちょうどその頃、富高第二国民学校（今の塩見小学校）の校舎には海軍航空隊の兵隊が駐屯していました。その兵隊さんが何かの用事で通りがかりに奈須さん宅にいたのだと思います。私の両足の出血を見て、びっくりしてすぐ私を抱き上げ、学校へ連れていってくれました。そこには医療班があり、軍医もいて、治療してもらえました。大腿部を三針縫う傷でした。大腿骨に損傷がなく幸いでしたが、完治するまでには三カ月くらいかかったような気がします。

校舎での治療がすんで、正法寺のお堂に移されました。ここでの療養中、二週間後には終戦となりました。父たちの死は何だったのかと悔やまれてなりませんでした。米軍機の攻撃目標は朝日橋周辺に置いてあった軍用トラックや建築資材だったと思いますが、私たちはその巻き添えになったのです。この時の弾痕が朝日橋北側橋脚に残っていました（二〇〇一年の朝日橋掛け替え工事でなくなりました。直雄さんの大腿部には今も大きな傷跡があります。）」

（平山直雄さんは、昭和七年一一月二三日生、塩見四六六〇在住。亡くなった平山正雄さんの長男。ふるさと文集『ひょっとこ』掲載の直雄さん執筆による「私には未だ戦争は終わらない」も参照しました。二〇〇二年三月二日に話を聞きました。）

⑤空襲犠牲者　黒木善蔵さん

原因　村山さん宅（飯谷）で、機銃弾が当たり即死

日時　一九四五年八月五日　昼過ぎ？　年齢　六五歳

空襲犠牲者の調査をしている私は、日向市役所の市史編纂室長をしていた黒木和政さん（筆者の小学校以来の同級生）が、「私の出身地、日向市幸脇の飯谷地区に空襲で亡くなった人がいると聞いている」と話してくれました。

『日向市史』の空襲の状況を列記した箇所には「八月五日、午後空襲警報数回、一回は機銃掃射を受けました」とありますが、これは富島町のことで、幸脇あたりのことは書かれていません。

二〇〇二年三月七日、和政さんは、史編纂室から飯谷の知人に電話してくれましたが、みんな留守だったので、私は現地に行って人を探すことにしました。お年寄りを見つけて話しかけると、偶然にも空襲の死者が出た現場にいたという黒木ミヨ子さんでした。

「その日（八月五日）、私たちは、村山吉広《よしひろ》さん（元日向農協参事）のお宅で、吉広さんのお父さんに当たる広吉《ひろきち》さんのお葬式の準備をしていました。人がたくさん寄っていたもんだから、それを目がけて撃ったんでしょう。機銃がはじまったら、私たちは怖くて床下に入り込んでいました。床下で、ちょうどこの辺は仏さんが寝ている真下辺りじゃないかしらんと話し合ったことを覚えています。

あの人（空襲犠牲者の善蔵さん）は、空襲警報が出ていても怖がらんで、田の畔を見て廻るような人でした。この日も庭に出ていてやられたんです。」

（黒木ミヨ子さん　大正一一年一一月一日生まれで七九歳。飯谷在住　二〇〇二年三月七日に話を聞きました。）

黒木ミヨ子さんが次に案内してくれたのは、亡くなった善蔵さんの娘婿、黒木常美さん宅でした。常美さんの話です。

「その日は、村山広吉さんのお葬式の日で、飯炊きの煙が出ていたし、人が大勢集まっていたから、それで撃ったのでしょう。

黒木善蔵さんの墓と常美さん

私は、当時高等科二年で、近くの川の橋のところで水あべしていました。そしたら、一一時頃だったと思います。艦載機が海の方から、川向こうの山の向こう側を西に飛び、そこでまわって、こちら目がけて青やだいだい色の光をバッバッと出しながら撃ってきました。私は里芋の大きな葉をかぶって家に帰りましたが、帰ったら親からおこられました。善蔵さんは機銃でやられ、内臓が出て即死でした。」

（黒木常美さん　黒木善蔵さんの娘、サエ子さんの夫。昭和六年八月二二日生。日向市幸脇一六二三（飯谷）在住　二〇〇二年三月七日に話を聞きました。）

市史編纂室に来ておられた飯谷区長の黒木清市さんにも話を聞きました。

「私は国民学校の五年生でした。この日は、八寺《はってら》さま（八大竜王を祀る稲荷社）で遊んでいました。午後だったと思いますが、二枚羽根の偵察機が通りました。そのあと、間もなくグラマンが二機来ました。耳川上流左手の山の上から飛んできて、機銃掃射しながら、金ケ浜に抜ける道の方に飛んでいきました。

この日は村山家に人が集まり、葬式の準備がありよりました。割烹着を着た女の人たちがたくさん庭に出ていたからでしょう。そこを狙って来たのだと思います。

弾が当たった善蔵さんは、空襲を怖《お》じがっちょって仕事になるもんかというような人じゃったです。この日、善蔵さんは、葬式準備中の村山さん宅に来ていて、家の中から柱に手をやって外を見ていてやられました。弾が当たり即死でした。腹部が破れて内臓が出ていました。看護婦の娘さん（コトシさん）が内臓を元に納めました。機銃の弾には、当たると破裂するものがあったようで、その弾が当たったから内臓が出たのだろうということでした。

美々津町の別府《びゅう》に大砲が据えられていて、それが敵機を撃ちよったけど、花火をあげるようなもので、全然当たりはしませんでした。」

（黒木清市さん　昭和一〇年三月一日生。日向市幸脇一七八六－一（飯谷）在住　二〇〇二年三月一一日に話を聞きました。）

⑥空襲犠牲者　上原《かんばら》クニさん

原因　自宅近くに落ちた爆弾の爆風に飛ばされて死亡

日時　一九四五年八月一二日。昼間のこと　　年齢六九歳

日向市南町の永野ヤヨイ先生を訪ねたとき、原町でも空襲で亡くなった人がいるらしいという話をしたところ、それならば原町に住んでおられる石川安雄先生にたずねるといいと教えても

らった。石川先生は不在だったが、奥さんが「上原さんというおばあちゃんが爆風で飛ばされて亡くなったという話を聞いている。上原篤市さんに聞いたらわかるかもしれない」と話された。篤市さんを訪ねると、「亡くなった話は聞いているが、その人の名前は覚えていない。その人の孫がイワコ建設の社長で宮崎に住んでいる。その人の家は三階建てのビル（イワコビル　日向市原町二丁目一－一四）のところにあった。その隣が吉本幸一さんの家だが、当時から隣だったので、吉本さんが知っているかもしれない。」と教えてもらった。

　このような経過で、吉本さんに話を聞くことができた。

「私は昭和一三年生まれですが早生まれなので、たしか二年生だったと思います。小さかったのでよくは覚えていませんが、爆弾が落ちたところは、私の家の東隣にあった上原さん宅（現在のイワコビルのところ）の斜め後ろ（東北の方角）でした。亡くなったのは、「おクニばん」と呼ばれていた上原クニさんです。爆風に吹き飛ばされて、かまどに頭を突っ込むようにして亡くなっていたということです。私たちも行ってみましたが、「子どもは来るもんじゃない」といって大人に追い返されました。

イワコビル、上原クニさんの家があったところ

　上原クニさんの子どもさんは一人でもう亡くなってい

る。お孫さんがイワコ建設の社長（宮崎在住）と民宿山の茶屋（イワコビルの前）の女将三樹加代子さんだと教えてもらった。

（吉本孝一さん　昭和一三年三月一日生。原町二－一－一五在住　二〇〇二年三月四日に話を聞きました。）

上原イワさんの話

「おばあちゃんが亡くなったちょうどその時は、みんなが『危ないからはよ行け』というので、私は娘（加代子さん）を連れて自分の里の米良に疎開していました。おばあちゃんは一人で寂しかったのでしょう、斜め前の甲斐節夫さんところに遊びに行っていたそうです。その時、頭上に輸送機が飛んできたので、みんなあわてて防空壕に入りました。おばあちゃんは、甲斐さんところから家に帰ろうとしたんです。ところが、ちょうど家のところまで来たとき、近くに爆弾が落ちました。その爆風で自宅の隣（東隣の家）に吹き飛ばされ、かまどに頭を突っ込むようにして逆さまの格好で亡くなっていたそうです。当時六九歳でした。私の家は、今のイワコビルのところにありました。私は、ばあちゃんは戦死と同じだといつもいっています。

（上原イワさん　上原クニさんの一人息子、嘉三郎さんの妻。大正五年生　二〇〇二年三月六日に、電話で話を聞きました。）

『日向市史』の四四五ページには「八月一一日は昼間から空襲があり、財光寺の鉄橋付近、原町、中原などに大型爆弾が落ちました。原町で住家が一棟破壊され、即死者が一人出ました」とありますが、八月一一日には、原町に死者は見つからず、一二日の上原クニさんのことではないかと考えています。上原クニさんが亡くなった日は一一日ではないことをご家族に確認しましたし、墓石でも確認しました。

四　空襲犠牲者・遺族の思い

父や母、肉親を空襲で失った人びとの思いはどうでしょうか。半世紀以上を経た今日（取材当時）ですが、その悲しみや苦しみ、無念さは消えることはありません。遺族の皆さん方に接した印象では、その方がたは、国や自治体の空襲犠牲者に対する対応に少なくない不満を持っておられるということでした。遺族の皆さんの声を聞いてみましょう。

水月寺の東側に墓園が広がっています。その一角に戦死者の墓石群がありますが、相高實さんのお墓はその中にあります。そして墓石には、「農兵隊副班長ニ従事作業中、爆弾片創ニテ戦死」と刻まれています。このように書かずにはおられなかった両親の気持ちが分かるように思います。

實さんの叔母のサカエさんはこう語っています。「戦争のため徴用にとられて農兵隊に入りました。そしてそのために實は死んだんです。しかし、いわゆる兵隊ではなかった。軍人ではなかった。そういう理由で『戦死』ということにはならず葬式の費用は出ずじまいです。戦後も軍人なら遺族に年金が出るのに、農兵隊の徴用については『規定がない』ということで何も出ないんです。」

上原イワさんは、「私は、ばあちゃんは戦死と同じとじゃがといっつもいうとです」と、私に何度もいいました。戦争中、クニさんは、「お国のため」必死の思いで生きていました。そして、戦争のために死にました。イワさんはそのことを訴えていると同時に、戦争で亡くなった人びとに対して、軍関係者だった人とそうでなかった人とでは、国の対応に大きな違いがあることも主張しているのだと思われました。

平山直雄さんは、自分が機銃で撃たれて大けがをし、父と従兄弟を亡くしたのは終戦のわずか二週間前だったが、「父たちの死は何だったのかと悔やまれてなりませんでした」と述べ、「私には両足の傷痕があるかぎりいつまでも戦争は終わらないのです」と訴えています。

黒木常美さんは、「毎年、慰霊祭の案内は来るので出ていますが、何の補償もありません。遺族会の人に、話をしたことがありましたが、何のこともありませんでした。市議会議員に話を聞いてもらったこともあります」と、胸の内を話していました。

日向市は、空襲で亡くなった人がどれだけあったのか、調査をしていません。犠牲者の慰霊碑はないし、慰霊祭も行われていません。国は、空襲犠牲者に対して何の補償もしていません。このような国や自治体の犠牲者への対応が、遺族にとって肉親を亡くした苦痛を一層大きくしていると感じました。

五　防空壕

日本はロシア（ロシア崩壊後はソ連）を想定敵国として国防計画を立てていました。ソ連との間で戦争になれば、ソ連軍は「満洲」を攻撃し、日本本土を爆撃するだろうと考えていました。そのため、早くも一九一九（大正8）年には横須賀で灯火管制訓練が行われていますし、一九二八（昭和3）年には大阪市で最初の都市防空演習が行われました。

一九三七（昭和12）年に「防空法」が制定され、同年に同法施行令も出されました。防空法施行令の第七条に「航空機ノ来襲ニ関シテハ……防空警報ヲ発ス」と定め、「航空機ノ来襲ノ虞《おそれ》アル場合」に警戒警報を、「航空機ノ来襲ノ危険アル場合」は空襲警報を発すると定めました。

空からの攻撃に早くから備えをしたように思われますが、当時の軍部や政府が空襲をどのようなものと考えていたのでしょう。内務省内の財団法人大日本防空協会発行の『防空必勝ノ栞《しおり》』（陸軍中佐難波三十四口述）という三二ページの小冊子があります。この冊子を読むと、軍がいかに空襲を軽く見ていたかがわかり、焼夷弾攻撃を受けても持ち場を離れるな。火消しに勤めよ、というように国民に説いていました。

空襲で亡くなった黒木トクさんの娘児玉チヨ子さんが語っているように、空襲のときには布団をかぶるとか庭や家の中の床の下に防空壕を掘ってその中に入るような指導があったといいます。

爆弾が落とされたり機銃掃射が行われるようになると、より安全で何家族も入れる横穴式の防空壕が掘られるようになりました。それらは櫛ノ山や米ノ山などの山すそや小高い丘の崖などに作られました。このようにして作られた横穴式防空壕が、財光寺山下や平岩の山の田など、今も市内あちこちに残っています。

（二〇〇二年五月）

木田忠雄さん宅の庭の防空壕。中は広く５人がしゃがんで入れる。

黒木學、木田義美、木田光盛さんの３軒で掘った防空壕。入り口は３つあり中はつながっている。

（写真は２枚とも2001年６月に撮影。日向市平岩、山の田地区にある防空壕。入り口にしゃがんでいる人はここに私を案内してくれた日向市細島の伊藤喜造さん。）

第十節　製塩場跡の煙突——日知屋に作られた塩田の跡——

戦争末期には、生活必需品が極度に不足し、塩までなくなってしまいました。そのため、海岸近くに住む人たちは塩焚きをしました。山手の人たちは、塩を持った海岸地方の人たちと物々交換をしたりもしました。こんなことでは間に合わないというので、町や村を挙げて塩作りをはじめた地方もあったのです。

日向市日知屋の亀崎と幡浦との間に塩作りのための塩田が作られました。この塩田づくりの経過と、今も残る製塩場跡の煙突について調べたことを書きとめました。『五ヶ瀬町史』や『日向市の歴史』を参考にし、文章も引用させてもらいました。（『五ヶ瀬町史』は『町史』、『日向市の歴史』は『市史』と表記します）。

一　西臼杵の人びと、日向市に塩田を作る

塩の欠乏に悩む西臼杵郡の町村が製塩のために塩田を作ったことが『五ヶ瀬町史』の第四章第

三節、三の項に「塩田工事」の見出しで書かれています。

「戦局の激化に伴って労力は不足し、その結果万般の物資は極度に窮乏した。その中でも生活必需品の一つである食塩もその例に漏れず、特に山村地帯の窮乏は甚だしかった。ここにおいて昭和二十年七月東臼杵郡入郷地区（富島町外八カ町村）西臼杵郡協議の上、富島町畑浦《ママ》に『富島地方共同自給製塩組合』を設立、工事費二七四万円（八割国庫補助）の予算を計上して工事を進める一方、西臼杵郡では当時の西臼杵地方事務所長　佐藤寿氏を組合長として製塩組合が作られ、細島、亀崎にかねて親交のあった綾部一太《ママ》氏の土地を借受けて塩田作りが行われた。関係町村は当時各町村にあった国民義勇隊員の中から一週間交替の出動が行われどうにか食塩の自給が続けられたという。」（途中五行略）「時あたかも終戦直前のことで、米軍艦載機の頻々な襲来による機銃掃射で昼間作業は不可能となり、夜間作業に切替えたが、付近に富高飛行場があるため夜間空襲による爆弾投下も行われ、灯火管制下における点灯もできず、作業も月明の夜に限られたという。工事に従事する人々も恐怖と猛暑の中に、わが家に帰りたい一念もあり工事は遅々として進まなかったが、昭和二一年三月、終戦後半年にしてようやく完成したのである。この塩田による製塩でわずかに窮状を脱したが、その後の社会情勢の変化により、他より食塩の入手が可能になったので、幾許《いくばく》もなく製塩組合も解散されたが、当時ならでは考えも及ばぬ窮余の一策であり、忘れ得ぬ思い出の一齣である」（『町史』１５７ページ）。

東臼杵郡入郷地区と西臼杵郡の町村が協議の上、塩田を作った経緯です。一方、東臼杵郡入郷地区町村も塩田を作ったことが北郷村史に「畑浦塩田工事」の見出しで書かれています。五ヶ瀬、北郷両町村史の塩田について書かれた文章がとてもよく似ていて、同一人物が書いたように思えるほどです。北郷村史の記述を紹介します。

はじめに、五ヶ瀬町史と同じように生活必需品の一つである塩の窮乏が甚だしかったことが述べられています。そこで、「昭和二〇年七月、東臼杵郡入郷地区町村（富島町外八カ町村含西臼杵郡）が協議の上、富島町畑浦に、『富島地方共同自給製塩組合』を設立、工事費二七四万円（八割の国庫補助）の予算を計上してこの工事を進めることとした。関係各町村から人夫をトラックによって運搬、学校や民家に宿泊して工事に当たった」のです。人々は空襲におびえながらの難工事でしたが、「その後大分刑務所の応援により」進められて昭和二一年三月に完成したと書かれています。そして、「その後の社会情勢の変化により、……幾許もなくしてこの組合も解散された」と述べられています。（『村史』459～460ページ）

二　塩田は、日向市のどこに作られたのでしょうか

日向市の、この塩田で働いた経験を持つ市内在住の古老、およびその他の人たちに、話を聞きましたので、それらをまとめて以下に紹介しましょう。

詳しい話をしてくださった古老は、一九四六（昭和21）年三月、国民学校高等科を卒業するとすぐの四月から一九四七年三月までの一年間、塩田に勤めて、煎熬《せんごう》の仕事をされました。当時の年齢は一四歳から一五歳でした。

（注）煎熬《せんごう》とは、鹹水《かんすい》（塩水のこと）を釜で焚き上げる作業のこと。

亀崎川の河口近くに日向新開橋（昭和三九年三月竣工）が架かっています。この橋を西から渡って東へ走る広い道路は、県道一五号で、財光寺仙ヶ崎通線といいます。この日向新開橋の七～八メートル上流に現在は使われていない古い橋が架かっています。この古い橋を新開橋といいます。実は、この古い新開橋と今の日向新開橋との間に橋があったのです。その橋の名前は「あやめ橋」でした。干拓事業の功労者、綾部市太さんの「あ」、塩田づくりの功労者、山本仁《まさし》さんの「や」、そして干拓事業に携わったもう一人の人、門川の米良文治《ぶんじ》さんの「め」から付けられた名前だといいます。

日向新開橋（右）と新開橋（左）

　このあやめ橋を渡って進む道路が当時の道でした。その道は、現在の県道一五号に平行して、その南側を通っていました。塩田は、この道路の北側、つまり県道一五号を含めて、その北側

写真上部の湾は細島工業港。港の左端に南西から流れ込む川が亀崎川です。その川に架かる日向新開橋が見えます

富士チタン工場敷地内に残る西臼杵製塩場にあった煙突

にある第一糖業や科学飼料研究所などの所在地に広がっていました。そこは、現在の言い方をすれば、細島臨海工業地帯の細島三区です。

そして、あやめ橋を渡って東へ走る道の南側に塩田関係の事務所や倉庫、寮、製塩場がありました。現在残る赤煉瓦の煙突（富士チタン工業株式会社日向工場の敷地内）は、この道路のすぐ南側、つまり製塩場そばに建設されたものでした。

あやめ橋は、一九四六（昭和21）年の一二月に地震と津波が襲い、橋が真ん中から折れてしまいました。そのために、今残る古い新開橋が、折れた橋のすぐ川上に架けられました。そして、折れた橋が撤去され、その橋が架かっていたすぐ川下に現在の日向新開橋が一九六四年（昭和39）に架けられました。つまり、あやめ橋は現在の日向新開橋と古い新開橋との間に架かっていたのです。

注：宮崎地方気象台によれば、一九四六年一二月二一日午

前四時一九分に昭和南海地震（震源は紀伊半島沖、最大震度5、津波四～六メートル、死者一三三〇人）がありました。宮崎市は震度4。土々呂と赤水の間の妙見橋が壊れたとの新聞記事があるといいます（宮崎地方気象台に聞きました）。

干拓されて荒れ地になっていた、いわゆる綾部干拓地を、西臼杵郡の現在の日之影町や高千穂町、五ヶ瀬町の人々が開拓し、そこを塩田にしたのです。その場所は、細島三区の東半分、つまり、九州地方整備局宮崎港湾空港工事事務所細島事務所の前の通りより東側でした。西臼杵の人たちは山口県の防府に行って研修しました。塩田づくりの仕事を地域の人たちも奉仕作業で手伝いました。

塩田づくりは、昭和二〇年の中ごろから始められたのではなかったでしょうか、と古老は述べました。東臼杵郡の人たちも塩づくりを始めました。場所は、西臼杵の人たちの塩田の西側、今の第一糖業株式会社や科学飼料研究所株式会社日向工場のあるところ、つまり、三区の西半分です。東臼杵の人たちは、西臼杵の人たちが操業を始めた後に、西臼杵の人たちに習いながら製塩を始めたのでした。

三　製塩作業

塩田は、入浜式で、満潮の時に灌水するように作られていて、塩気を含んだ乾いた砂を「沼《ぬ》井《い》」に掻き込み、濃い塩水（鹹水《かんすい》）を作りました。

注：入浜式塩田は、塩田の周囲に海水を入れるための溝があるのが特徴で、塩田に海水を入れる工程が海水の満ち引きを利用して行われます。

注：沼井は、表面に塩が析出した砂を集め海水をかけ鹹水を採る抽出装置のことです。

西臼杵の製塩場は、一九四六（昭和21）年四月頃から本格操業となりました。一石釜《いっこくがま》といったと思いますが、鉄板で作った長方形の釜（縦横深さ約一メートル×二メートル×三〇センチ、畳より少し大きいぐらい）が五台据え付けられていました。各台に担当者が二人ずつ付いていました。

釜に火を入れて、塩ができるまで八時間ぐらい焚き続けました。釜の塩水が減ったら鹹水を補充しました。一日焚いて、一釜でカマス五～六俵（一俵三五キログラム）の塩ができました。

釜掃除と煙突掃除が大変でした。釜に塩が焼き付いてなかなかとれないのです。塩が焼き付いたままにしておくと熱の通りが悪くなり、燃料の効率が落ちます。燃料は薪でしたが、石炭のこともありました。煙突にはすぐ煤が溜まり、これを取り除くのが大変でした。

塩田作業風景（『日向市の歴史』より）

塩田の風景。点々と見えるのは沼井。
『飛躍』（日向市発行）より

『日向市の歴史』に塩田の写真が載っています（435ページ、本書では前ページ）。これは、西臼杵の塩田の写真です。写真奥の建物に煙突が五本立っています。この煙突は五台の釜のそれぞれの煙突です。この建物の裏に見えるのが倉庫と寮兼用の建物です。寮には賄いさんもいました。煙突のところに四角い大きなものが見えますが、これは沼井で作った鹹水を入れた水槽です。また、煙突の立っている建物のその向こうに事務所がありました。

写真の手前で働く人は佐藤力蔵さん、その向こうの女性は上田テル子さんだと思います。写真手前右に見えるのが沼井で、佐藤さんは沼井に砂を入れているところです。

広い塩田は、海水を流す溝でいくつかの塩田に区切られていました。その一枚の塩田が一町歩ぐらいの広さだったと思います。その一枚ごとの塩田に一号、二号と番号が付けられ、七～八号まであったと思います。各号ごとの塩田にいくつもの沼井が作られていました。そして、その塩田ごとに工長、副工長、それに作業員が何人かずつついて仕事をしていました。

働く人たちは、全部で四〇〇人ぐらいいたでしょうか。二〇歳前後の女性が多く、男性は軍隊から帰った人が多かったように思います。沖縄の人が一人来ていました。

現在残っている赤煉瓦の煙突は、確かに塩田の煙突ですが、塩田が廃止になる直前にできたものので、全然使用されないままでした。五本立っていた煙突を太い一本にまとめ、製塩場も拡充する計画があったのではないか、と思っています、と。

つまり、現存する赤煉瓦の煙突は、西臼杵製塩組合の煙突だったということです。この煙突は、西臼杵製塩場のものだと、他の古老も証言しています。

以上が、塩田に勤めて煎熬《せんごう》を担当した古老の証言です。

この証言をした古老は、当時一四歳から一五歳の少年でしたが、一年間、煎熬の仕事をした方だけに、話された塩田についての記憶は鮮明で、正確だとの印象を受けました。そのことは、『町史』の記述や『市史』の記述とつきあわせて、ほぼ一致していることからいえると思います。例えば、塩田の広さについて、古老は、「一枚の塩田が一町歩ぐらいの広さで、塩田一枚一枚に一号、二号と番号が付けられ、七~八号まであったと思う」と語っています。『市史』によれば、西臼杵の塩田の広さは六町六反だったとありますから、たぶん七号塩田まであったのでしょう。

四　干拓、製塩の事業に携わった四氏のこと

(1)　干拓事業

亀崎と幡浦の間の干潟のできる海面を埋め立てる干拓事業を完成させたのは、綾部市太と米良文治でした。

組合長 米良文治の名の
見える記念碑

綾部市太の胸像

綾部は、福岡県竹野村（現久留米市田主丸町）出身で、一九一七（大正6）年、富高村（現日向市）に移り住み、開墾と苗圃経営を始めて財を成しました。苗圃《びょうほ》内にアヤベ迎洋園という ツツジ園も作りました。園の跡地は、迎洋園という住宅団地になっています。その団地の東南の隅に綾部市太の胸像が建てられています。

綾部市太は、一九三一（昭和6）年七月、干拓事業の認可を得て、門川の米良文治とともに日知屋の干拓工事に乗り出し、完成させました。

綾部とともに干拓事業に携わった米良文治は、門川村尾末（現門川町本町）の人で、酒造業を営んでいました。しかし、酒造業は息子に譲り、本人はもっぱら農業に従事していました。米良が組合長として行った耕地整理の記念碑が、国道三八八号沿いの城屋敷にあります。耕地整理事業は、一九四二

（昭和17）年二月に着工され、一九四六年三月に竣工しています。記念碑には、「組合長米良文治」の名が見えます。

綾部市太は、一九三七年、県議会議員に立候補し当選しました。二期八年の間に、彼らが拓いた日知屋干拓地の灌漑用に、耳川からの分水を実現させました。この干拓地は、畑にされたり一部水田も作られたようですが、荒れ地として放置された部分もありました。

(2) 塩田づくりと製塩事業

アジア太平洋戦争の最末期、生活物資欠乏のとき、食塩もまた極度に不足していました。そのため、『市史』によれば、「宮崎県では塩の需要をみたすために、一九四五年（昭和20）二月はじめから、年産三一〇〇トンを目標に製塩を始めました。そして、その年の四月下旬になると、県内の各町村でも自家用製塩事業を始めました。日向市地域でも、日知屋の亀崎と幡浦の間の綾部市太が一九三三年に拓いたいわゆる綾部干拓地を利用して、入浜式塩田が作られました」と書かれています。この塩田づくりに携わり重要な役割を果たしたのが、山本仁《まさし》と新《あら》井《い》堅一《けんいち》でした。

西臼杵製塩組合の塩田づくりと製塩場操業にかかわったのは、山本仁です。山本は川南村（現川南町）出身ですが、富高町（現日向市）の土木課に勤めていました。山本は、米良文治と親しい関係にあったことと、土木事業に関する知識と経験を有していたために、塩田づくりにかかわったのではないかと、山本の長男、繁一さんは話しました。山本の家は、塩田の所にありましたが、終戦直前の頃に向江町に家を建て、以後そこに住みました。山本は、昭和三〇年代に日向市議会議員を務めました。

東臼杵の塩田づくりに携わったのは、新井堅一です。新井の甥に当たる河野義英さんに話を聞きました。

新井は、梅林土木（現梅林建設、本社大分市）に勤めていて、朝鮮に行き、終戦になって引き揚げてきました。塩田づくりにかかわったのはそれからです。土木に詳しかったので、塩田を作る時からかかわったのではないかと思います。塩田の仕事の後は、正式な職員ではなかったが、日向市の土木関係の事務職的な仕事に就いていました。おおよそ、以上のようなことを河野さんから聞きました。

＊「三、製塩作業」と、「四、干拓、製塩の事業に携わった四氏について」を書くに当たって、古老に話を聞きましたが、その中の主な方がたは次の四人です。

成合　敏さん：一九三二（昭和７）年生。日向市向江町在住。主に塩田と製塩についてお聞きしました。

宮本増雄さん：一九三〇（昭和５）年生。日向市亀崎東在住。主に塩田についてお聞きしました。

米良和人さん：一九二七（昭和２）年生。日向市梶木町在住。米良文治さんの孫に当たる人で、文治さんについて聞きました。

山本繁一さん：一九三八（昭和13）年生。東京都在住。山本仁さんの長男で、山本仁さんについて聞きました。

河野義英さん：一九二六（大正15）年生。日向市原町在住。新井堅一さんの甥。新井さんは、河野さんの母の弟です。新井さんについて聞きました。

〈塩田関係資料〉

① 綾部市太は、一八八八（明治21）年、福岡県浮羽郡竹野村（現久留米市田主丸町）の苗木生産農家に生まれた。一九一六（大正5）年、日向地方への視察を行い、苗木の育成と販売に最も適していると判断。翌一九一七年、父の反対を押し切って富高に移住し、開墾と苗圃経営を始めた。事業は毎年拡大し、一九二三年には二十余町歩、一九二七年には三十町歩に近い苗圃を経営するに至った。一九三一（昭和6）年七月、かねてより申請していた日知屋干拓工事が認可され起工。一九三七年、県議会議員に当選、二期八年の間に、日知屋干拓地の灌漑用に耳川からの分水を実現させた。（『家族の数だけ歴史がある』112ページ）

「一九三一年七月、かねてより申請中の日知屋干拓工事が認可された。綾部市太は門川の米良文治とともに干拓事業にのりだし……」（同書115ページ）

② 県では、塩の需要をみたすため、一九四五（昭和20）年二月はじめから、年産三一〇〇トンを目標に製塩をはじめました。その年の四月下旬になると、県内の各町村でも、自家用製塩事業を始めました。

（『日向市の歴史』４３５ページ）

③　一九三三（昭和８）年、アヤベ迎洋園主の綾部市太が、亀崎、畑浦間の公有水面四十七町四反二畝九歩の干拓事業を完成しました。この干拓事業ですが、大正時代の末期に大分県の人で、富高町原町で飲食店を行っていた広地弥之助が、その私財を投じて亀崎浜の干拓を行いました。しかし、遂に資力が続かず、それを途中でやめて大分県に引き揚げています。この広地弥之助の干拓事業が、個人の力による干拓事業では綾部市太よりも先覚者だったわけです。綾部市太が干拓したところは、通称、清五郎開といわれるところで、工事は一九三〇（昭和５）年六月に出願され、同時に着工されたものです。（『日向市の歴史』３９２〜３ページ）

④　日向市制施行五〇周年記念要覧『飛躍』の六ページに「終戦前後に盛んに行われた塩つくりの塩田」の写真が掲載されている（沼井がみられる）。

（二〇一三年九月）

【参考文献】『日向市の歴史』（甲斐勝編著　日向市役所総務課）
『日向写真帖　家族の数ほど歴史がある』（日向市）
『飛躍　日向市制50周年記念要覧』（日向市役所総務課）
『北郷村史　上巻』（北郷村）

第3章　戦争が終わった後に

はじめに

ポツダム宣言の受諾により、一五年におよぶアジア太平洋戦争がようやく終わりました。たくさんな悲しい目にあい、重苦しい生活を強いられていた人びとは、戦争が終わったことを知り、ほっと生き返った気持ちになりました。

ところが、戦争にまつわる悲しい出来事はまだまだ続きました。学童が三人、爆弾で爆死する事件、青年が九人もやはり爆弾で爆死する事件が、戦争が終わった後につづいて起こったのです。

第一節　爆死学童の慰霊碑

一　六〇年目の慰霊祭

二〇〇五（平成17）年一〇月一五日午前一一時から、東郷町（現日向市）寺迫庭田地区の慰霊碑前で、遺族や地域住民四〇名が参列して、爆弾の炸裂で死亡した三学童の慰霊祭がありました。この年は戦後六〇年、子どもたちが亡くなって六〇年、慰霊碑が建立されて一〇年という節目の年だということから、庭田生産組合（黒木慶司組合長）が呼びかけて盛大な慰霊祭が行われました。遺族や子どもたちが通っていた寺迫小学校（当時寺迫国民学校）の深城哲男校長、教育委員会関係者や史談会の代表などが献花し、全員で焼香しました。

慰霊祭の後、参列者は公民館に集まり、遺族や関係者の話を聞きました。爆死した黒木今朝義さんのお兄さんの黒木金一さん（大正七年三月五日生、八七歳）は、次のように語りました。

「私の弟、今朝義は学校から帰る途中手に入れた爆弾で遊んでいたところ爆発して亡くなりました。当時日本は米軍の占領下にありましたから、このことは大きな事件になることもなく、忘れられてしまいました。その後、地区住民の有志によって、このことは忘れてはいけないということで、記念碑を建てていただきました。兄弟、親戚一同感謝しています。この記念碑が、事件を忘れさせずに、そして再び戦争という間違いを起こさないための平和の祈念碑になることを願っています」

東郷町史談会長は、「三名の学童は軍の弾薬の不始末の犠牲となったものです。あの慰霊碑は三名の少年の魂の安らぎのために建てられたものですが、それは同時に、こんなことが二度と起こらないように平和の祈念のためでもあります」と述べました。

二　三学童の爆死事件

一九四五（昭和20）年八月一五日に太平洋戦争は終わりました。その二カ月後の一〇月一五日、寺迫国民学校の児童五名が、学校帰りに爆弾を拾って持ち帰りながら遊んでいました。庭田の山道で、子どもたちの持っていた爆弾の一つが爆発しました。三名が亡くなり、二名が大けがをしました。慰霊碑は、この爆発地点のすぐ近くの道路脇に建てられています。

献花する黒木金一さん

碑の正面には次のように刻まれています。

中央に「慰霊碑」と大書され、
その右に「戦争の無情を偲ぶ
　　童子らよ蕾のままに
　　散りしこの地に」
左側に　故　黒　木　今朝義　十五才
　　　　故　黒　木　三　次　　十才
　　　　故　山　本　寅　男　十五才
碑の裏面には次のように書かれています。
「日本の国運をかけた太平洋戦争も昭和二十年八月十五日
敗戦となり当時寺迫地区に一部隊が駐屯していた
その戦後処理に土取り場に埋められていた弾薬を
同年十月十五日五名の学童が持ち帰る途中
此の地で炸裂させ三名死亡する事故が発生した
軍の弾薬不始末で尊い前途ある少年の生命が
失われた事は痛恨にたえない　戦後五十年と
この地の道路開削を期に犠牲者の慰霊と

国の恒久平和地区の安全を願いこの碑を建立する
平成九年三月吉日　　庭田地区民一同」

子どもたちが亡くなった現場の庭田地区に建つ慰霊碑

三　黒木勝さんの話

黒木勝さん（昭和一〇年一二月一五日生）は、五人の児童の中の一人で、腹部に大けがをしましたが、現在もお元気です。一〇月一五日の慰霊祭に出席され、その後、公民館に集まった人たちを前にしてお話もされました。

寺迫の学校の上の山には、ピストルや箱に入った爆弾、手榴弾がいっぱいあった。「羊歯《しだ》やぼ（「やぶ」のこと）の中にいっぱいうっせちゃった。あのときは、五人みんなが二つも三つもかるちょった。じゃかい、一つじゃねして、なんぼもはしったとまう（いくつも破裂したと思う）」。

勝さんたちが持ってきたのは、「擲弾筒《てきだんとう》だったらしい」と当時の大人たちは言っていました。擲弾筒とは、手榴弾を遠くまで飛ばすのに用いる小型の携帯用兵器です。大きさは勝さんの話では「ビールビンぐらいの長さで、太さはそれより少し太かった」ということです。それを各自「二つも三つもかるちょった（背負っていた）」のです。だから、一つが爆発した弾みでその他のものがいくつも爆発したのではなかったかということです。
寺迫国民学校には終戦まで軍隊が駐屯し、その上、学校は資材置き場としても使われていました。学校近くの土取場には武器弾薬が埋められたり無造作に捨てられていたということです。学校は軍隊に取られていましたから、子どもたちはお寺や神社、民家で勉強していましたが、満足に勉強できるような状態ではありませんでした。

（二〇〇五年一〇月一八日）

二〇一九年三月一八日、私は黒木勝さん宅（日向市東郷町山陰甲八五七－一、長崎地区）を訪ねました。もう少し話を聞きたいと思ったのと、写真を撮らせてもらいたかったからです。勝さんは耕運機がひっくり返り、そのために足を骨折したといって杖をついておられたが、お顔の色がとても良くお元気そうでした。

黒木勝さん（2019年3月、83歳）

事故に遭った五人のうち、黒木今朝義さんは慰霊碑が建てられている庭田地区の児童で、そのほかの四人（亡くなった山本寅男さんと黒木三次さん、大けがをしたが助かった勝さんと安藤たけとしさん）は庭田よりずっと奥の長崎という地区の児童でした。三次さん、勝さん、安藤さんは同年齢でした。当時、寺迫国民学校から慰霊碑の建つ庭田の事故のあったところまで子どもの足で約一時間、学校から長崎までは約二時間三〇分かかったといいます。庭田と長崎地区の間に田の原地区があり、そこには美々津国民学校田の原分校がありましたが、その分校には三年生までしか通えず、四年生からは寺迫国民学校通学だったということです。

事故は何時ごろのことだったかという私の質問に、勝さんは、「お日様はまだあったけど五時はまわっていたのではないか」と話されて、「夕方になってきたので山本寅男に、帰ろうといって私は帰りかけたのだけれど、寅男はちょっと待てといってしゃがみ込んだ。そのとき爆発が起こった」と。「寅男はお腹が破れて内臓が出ていた。その状態で私の方へ這ってこようとした」と話された。「私も大けがをしました。へその横、股の下、太もものところです。股の下に破片が刺さっていた。渡辺病院に入院して手術を受けた。事故後半年以上入院して、五年生のときもほとんど学校に行けなかった」。いまもまだしびれが残っているということです。

当時の話をされました。「学校の上のやぶに新品の拳銃や弾が木の箱に入ったまますたくさん捨ててあった。ピストルに弾を込め、撃つのが面白かった。松の木を撃つと枝がちぎれて飛んだ。手榴弾を石に打ち付けると音がし出すので、それを川に投げると鮎などの魚が捕れた」とも。

最後に、私は次のように尋ねました。「日本陸軍の武器弾薬の不始末によって起こった出来事でしたが、国または県や町からの補償とか見舞金などは出なかったのでしょうか」と問うてみました。勝さんは、「なかったと思います。子どものときの話ですからわからなかったのかもしれませんが、その後もそんな話は聞いたことがない」ということでした。

（二〇一九年三月一八日）

四　東郷町寺迫地区にいた部隊について

米軍が沖縄に上陸した直後の一九四五（昭和20）年四月八日、大本営陸軍部は本土決戦の方針をまとめた「決号作戦準備要綱」を策定して、翌日、関係各部隊に示達しました。北は千島列島から九州（奄美大島を含む）、朝鮮半島までを七つのブロックに分けてそれぞれ決一号から決七号作戦と名付けました。

このうちの決六号作戦が九州地域で、その防衛を担当するのが第一六方面軍でした。宮崎県地方に展開したのが第一六方面軍の第五七軍で、その傘下の第二一二師団が都農町以北の県北部に展開しました。この第二一二師団の師団司令部（師団長、桜井徳太郎少将）は都農町・都農小学校におかれました。この師団に属する歩兵第五一六連隊（連隊長、金田高秋中佐）の一部が寺迫地区に駐屯していました。寺迫国民学校の近辺に武器弾薬を遺棄したのはこの部隊でした。

（二〇〇五年一〇月一八日）

第二節　旧軍の爆弾投棄作業で爆死
――殉難者の追悼碑建立を――

一　追悼碑の建立を!

徴兵令で、アジア太平洋戦争に行かされ、多くの人びとが戦死しました。かろうじて生き残って帰った人びとの喜びもつかの間、今度はこの人たちに敗戦で無用となった武器弾薬を海中深く投棄するという仕事が町役場から割り当てられました。

宮崎県北部地域に残された弾薬は富島町（現日向市）細島港に集められ、富島や門川地域の人びとによって細島港沖の海に投棄されました。一九四六（昭和21）年三月一四日、この日の投棄作業にあたったのは、門川町上納屋地区の青年一六人と警察官一人でした。ところがこの投棄作業中に、爆弾が突然爆発し、若者たち九人と警察官一人の一〇人が死亡しました。

親兄弟、この人たちを知る多くの人びとの悲しみはいかばかりだったでしょうか。

その後、遺族や地域の人びとによって、死亡者に対する補償やこの惨事を忘れないための記念碑建立などの要求が出されました。しかし、願いは叶えられることなく、追悼碑建立の運動は今も続いています。

二　投棄作業中に爆弾が爆発し、一〇人が死亡

(1)　爆弾投棄作業とは

日本は太平洋戦争に敗れ、一九四五（昭和20）年八月一五日、連合国軍に無条件降伏しました。

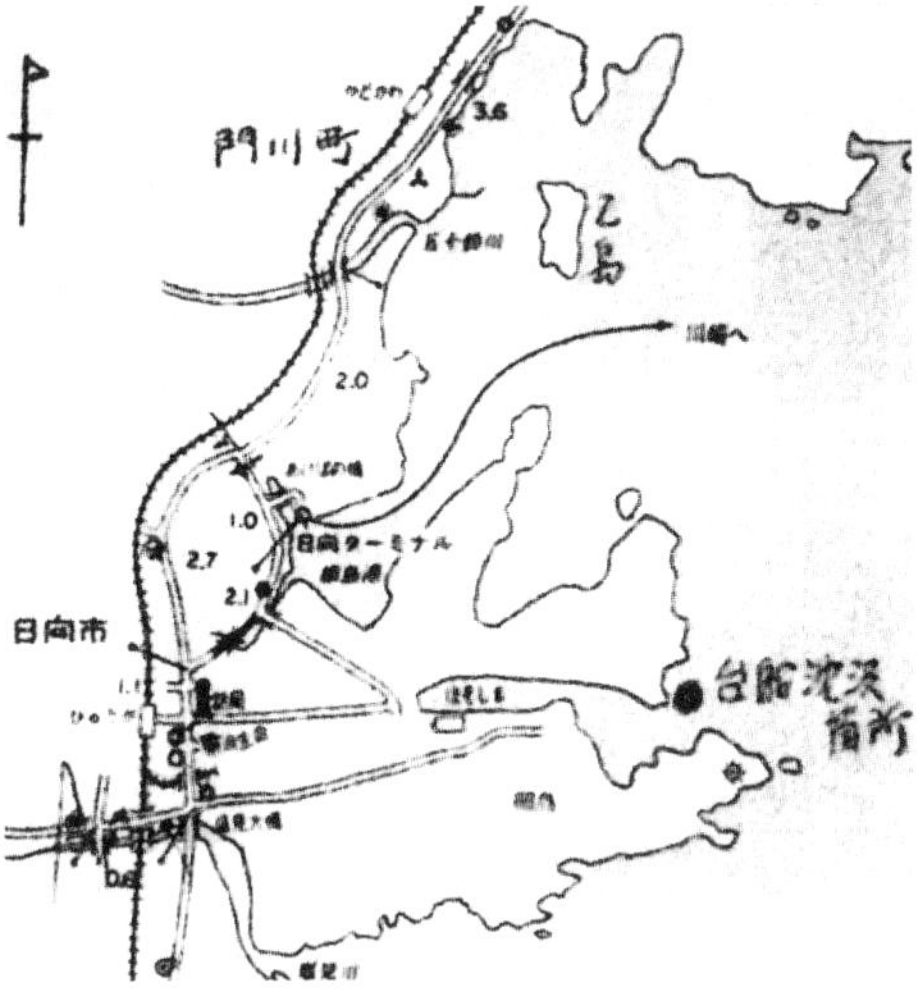

台船沈没の場所（黒丸）
（「細島沖の悲劇」より）

この敗戦によって宮崎県の北部に残された戦争中の武器弾薬は、占領軍の命令で、細島港に集められ、細島沖の海中に投棄されました。この作業中に、爆弾が爆発し、警察官を含む一〇人が死亡し、七人が負傷するという大惨事が起こりました。この事件を『激動の二十年――宮崎県の戦後――』（毎日新聞社西部本社）は「武器よさらば」という見出しで次のように伝えています。この項は三ページにわたって書かれていますが、関係箇所だけを抜き書きで紹介しましょう。

「県北の兵器のうち、弾薬はトラック、鉄道便で日向細島一帯へ。県南は油津付近へ集められ、やがて命がけの海上投棄がはじまった。……

県北の集積地域は日向細島港、作業にかり出されたのは地元、細島、門川町の人たち。危険な作業だけに、みんなしりごみしたが、町役場を通じて隣保班へくるのは強制命令。機銃、手りゅう弾の運搬には五トンぐらいの漁船、機帆船を使った。大型爆弾は小さな船から投げ落とせないので〝浮き桟橋〟に積んだ。広さ四〇平方メートルぐらいのコンクリート・プレート。このうえに爆弾をのせ、二隻の船で沖までひっぱるのだ。

投棄作業があす終わるという二一年三月一四日、一〇人が死んだ。

この朝、快晴。積み荷作業は調子よく正午前にすんだ。浮き桟橋に乗ったのは門川町上納屋地区の若者（一八～二七歳）一六人。指揮者は富島警察署（現日向署）細島警部派出所の佐藤忠夫巡査（当時二十五歳）。日ごろなら二隻の船でひっぱるのに、この日、あいにく一隻のエンジンが故障、残る一隻でひいた。荷がかちすぎるのか、船足は遅い。午後から小雨まじりの北風も強くなった。あえぎながら、やっと目的地へたどりつき、徐行しつつ投棄がはじまった。作業員の一人、門川町、漁業、池田秋義が何個目かの爆弾をころげ落とし、つぎの爆弾に手をかけようと腰をかがめたときだった。〝ズダーン〟という大音響。フワーッと宙に舞い上がったからだは、次の瞬間、浮き桟橋のうえにたたきつけられていた。池田はただ夢中でぬき手をきった。ふと気づくと、目の前に桟橋の木片が浮いている。死にものぐるいでしがみついた。一七人のうち七人が奇跡的に助かった。

船の速度がおそいので前に落とした爆弾につぎの砲弾が衝突して爆発。そのショックがさらにほかの爆弾を誘発したのだ。爆発音は六キロも離れた門川町まで響いたという。

この日、港を出るとき、浮き桟橋に乗る作業員は高谷（高々谷の誤りか、引用者）隣保班。ところが、昼食時が重なったため、細島の人たちは自宅へ食事に帰ってしまった。雲行きは次第にあやしくなる。もうこれ以上〝時間延長〟は無理というどたん場になって予定を変更。弁当を持つ門川町の人たちと入れかわったのだ。日ごろなら引き船に乗る佐藤巡査も浮き桟橋に立って指揮したばかりに殉職した。

行方不明の二人は二〇日後に死体となってみつかった。一つは上半身しかない。もう一つの死体の手には魚がしっかりとにぎられていた。犠牲者のうち、水産加工業、岩田幸徳の弟、正晴（当時二五歳）は、神戸高等商船航海科を卒業、大阪商船の合格通知を受け取ったばかり。河野源三郎（同二七歳）は、空母〝加賀〟の乗組員で、ミッドウェー海戦の生き残り。河野治一（同一八歳）は二一年四月から小学校の教壇に立つ日を待ちこがれていたのだ。数日後、門川町在住の八つの霊をなぐさめる合同町葬がしめやかに行われた」（以下略）

（『激動の二十年――宮崎県の戦後――』57～59ページ）

(2)　爆弾投棄作業中の爆発で亡くなった方々（生年月日、死亡満年齢、父母名）

河野　福美（大正9年8月10日　25歳　河野ミヨ子夫）
河野源三郎（大正9年10月8日　25歳　河野佐太郎三男）
岩田　正晴（大正11年2月12日　23歳　岩田クワ二男）
植田　壽夫（大正14年7月5日　21歳　植田トヨ長男）
松田　義光（大正14年12月5日　21歳　松田サキ二男）
福田　国夫（大正15年7月20日　20歳　福田ハツ二男）
阿波野善市（昭和3年12月18日　17歳　阿波野勝蔵四男）
河野　治一（昭和4年11月6日　16歳　河野クメ三男）
藤岡　雄成（昭和4年10月21日　16歳　藤岡ケサ長男）
佐藤　忠雄（細島駐在警察官）

(3)　北田元好さんの話（二〇〇七年三月六日、水永、福田がインタビュー）

爆弾投棄作業に従事させられた人たちが爆死したことを語りついでほしいから、この事件についての私の体験を話したいと、門川町西栄町在住の、北田元好さんから電話をもらいました。そのため、門川町本町在住の水永正継さんの案内で、二〇〇七年三月六日、北田さん宅を訪問しました。北田さんは一九二五（大正14）年二月二五日生まれで、この時八一歳でした。

北田元好さん（2007年３月６日）

「私の家は元は金丸です。男の兄弟三人が兵隊に取られました。長男はシベリアに抑留された後、帰ってきました。次兄はグアムから帰って来ましたが、三カ月目にこの爆弾事故で亡くなりました。名前は河野福美です。兄は叔母の所に養子に行ったので河野です。奥さんのお腹には子どもができていました。

私は、陸軍少年飛行兵に志願して入り、陸軍通信学校菊池教育隊（熊本県菊池市）で教育を受け、少年航空兵として知覧におりました。そこで終戦を迎えました。

私は、幸い復員できたと思ったら、この爆弾爆発事故に遭遇したのです。この事件の生き残りは七人でしたが、現在生きているのは私と鹿児島に住むもう一人の二人だけです。鹿児島の人は体調がすぐれないということです。だから今、私が語り継がなければならないと思う。」

北田さんによれば、細島港には県北だけでなく、新富町の新田原や都城の旧陸軍の砲弾なども貨車で運ばれて来ました。それらの弾薬は細島港沖に海中投棄されたのです。

「三月一四日は寒い朝でした。朝のうちは好天でしたが、昼頃から小雨が降りはじめました。この日は、門川町上納屋地区から三班、四〇～五〇人が役場からの命令で動員されました。」

この中には女性もおり、北田さんもこの中の一人で、初めての参加でした。

この時、投棄作業の船に乗ったのは門川町上納屋の一六人と警察官一人でした。海に投棄した爆弾は、駆逐艦が潜水艦攻撃用に使う爆弾のようにドラム缶ぐらいの大きさのものもありました。船縁《ふなべり》のある船に積むと、投棄が大変なので、長さ約一五メートル、幅約七メートルの浮き桟橋に積みました。それをぽんぽん船（焼き玉エンジンの船）で曳航したのです。二隻で引く予定でしたが、一隻が故障したので一隻で引きました。そのため、船足は遅く子どもが歩くぐらいの速さでした。

「爆弾は、港を遠く出て沖の海に投棄する予定でしたが、船足が遅く時間もかなり経過していたので、誰かがこの辺でよいのではないかといって海中に落としはじめたのです。まだ、港の入り口を少し出たばかりの所で深さは十数メートルのところでした。信管が抜いてなかったのでしょう、水圧で爆発する仕掛けの爆弾だったので、爆発したのです。爆発は、他の爆弾の誘爆をおこし、大爆発になりました。

私は吹き飛ばされ、背中を負傷し、背骨も傷めて一カ月寝たままでした。右手首も二カ所骨折し、今も手首が曲がらない。レントゲン写真で見ると何かの破片が今も腕に入っているのです。私の時計は一一時三八分で止まっていました。この爆発で、兄の河野福美、警察官も含めて一〇人が亡くなりました。私たち七人は幸運にも助かりましたが骨折や全身打撲傷を負いました。」

三　悲しみは消えない

やっと戦争が終わり、かろうじて戦地から生き残って帰還できたのもつかの間、戦争の後始末のために駆り出されて、門川町上納屋地区の若者九人が命を落としました。親兄弟、地域の人びとは悲しくやりきれない気持ちでした。

亡くなった若者たちの町葬は、次のように記録されています。

「行方不明の二人は二十日後に死体となって見つかった。……数日後、門川町在住の八つ《原文のママ》の霊をなぐさめる合同町葬がしめやかに行われた」（『激動の二十年――宮崎県の戦後――』）。

「門川町上納屋地区の公園で葬儀があり、町役場、地区消防、青年会、婦人会、親族による……弔辞は尽きなかった」（『細島沖の悲劇――爆弾海上投棄船爆沈――』）

亡くなった岩田正晴さんの兄岩田幸徳さんは、爆発事故の四九年後に次のように書きました。

「事故発生と同時に地元の消防団、青年団、婦人会、地区の人々の心温かいご厚意によって、毎日続けられた捜索も思うようにはかどらず、早い人で八日、遅い人は一四日目にようやく見つけることができたということです。最後まで行方不明の二人の遺体は分からず、わずかに見つけた内臓部分も、果たしてだれであるかを確認することができず、火葬に付してねんごろに弔ったということです。

この一瞬の事故で貴い命を失った前途有望な青年たちの合同町葬が、町役場、消防団、青年団、婦人会、地区の方たち、親族の方々のご参列のもとに、上納屋地区の広場において限りなき悲しみのなかで厳かに執り行われました」（デイリー新聞一九九五年五月三日付）。

(1) 補償要求運動――遺族、門川町議会に請願

若者たちの死に対する悲しみの弔いは、町を挙げて行われました。合同の葬儀は、町役場をはじめ、消防団、青年団、婦人会、そして遺族・親族はもとより地区の人びとも参加する町葬として行われました。遺族・親族や地域の人びとの悲しみは、葬儀の後にも消えることはありませんでした。

一九五一（昭和26）年九月、サンフランシスコ講和条約が結ばれ、やがて日本は主権を回復しました。すると日本政府は、一九五二年三月に「戦傷病者戦没者遺族等援護法」を成立させ、四月三〇日に公布しました。ところがこの法律は、「軍人軍属等の公務上の負傷若しくは疾病又は死亡に関し、国家補償の精神に基づき、軍人軍属等であった者又はこれらの者の遺族を援護することを目的とする」（一条）と定めており、学徒動員犠牲者や空襲被災者は対象となりません。戦後、廃止された軍人恩給も一九五三年八月一日復活させました。これらの法律は旧軍人を特別扱いしており、憲法十四条、二十五条などに触れるのではないでしょうか。

太平洋戦争で使用される予定だった爆弾を、日本占領の米軍・宮崎県・門川町の命令で、爆弾投棄作業に従事し、亡くなった人びとは戦死者とどこが違うのでしょうか。遺族や親族・地域の人びとは国家補償の対象にならないことに納得いかず、怒りさえ覚えるのでした。

地域の人びとの後押しを得て、遺族は連名で補償問題の解決を門川町議会に請願しました。町議会は請願を受け止め、問題の解決を望むと決議しました。

一九六〇（昭和35）年八月には、遺族一同は国に対して「請願書」を提出しました。

請願書は、占領軍の命に基づき役場の指令に依って占領軍監督の下に爆弾処理作業に従事したこと、ところが「爆弾を海中に投下作業中突然爆発なし」死者負傷者を出した事実を述べています。これに続けて、「此大きな犠牲者の中には独り息子や長男其他杖柱と頼む者が多く一時は全く途方にくれて前途は暗闇になった思であります。其の失望落胆の程は今更ら申し上くる迄もなく皆様充分ご想像

ご遺族の皆さん：前列左より、岩田クワ（正晴母）、松田サキ（義光母）、植田トヨ（壽夫母）、阿波野勝藏（善市父）、後列左より福田ハン子（国夫姉）、河野美代子（源三郎姪）、河野クメ（治一母）、河野ミヨ子（福美妻）の皆さん

がつく事だと存じます」。さらに「其後は終戦時の混乱と生活苦のために如何程苦労と悲惨さを味はったか全く筆舌に表はす事さへ出来ない程であります。終戦後十五年其の悲しさや苦しさは減少しないのみか世の中が平和になるに伴って却って其の犠牲の大きかった事が忘れられず心物両面に亘って益々其困窮の度合を加えるばかりであります」。

「其の大きな犠牲にも拘らず当局は僅かに昭和二九年一柱に対し五万三千円を支給したのみで其れ以外には何等の恩典も補償もなく今日に至って居るのであります」と述べ、続けて「平和回復と共に一般戦病死者は勿論軍人軍属等に対する恩給復活其の他総ての戦争犠牲者に対する補償恩典が実施される様になったのに唯我々の子弟のみ放置されて居ります事は遺族として実に忍び得ない事であります。従って私達遺族としては再三再四に亘って西日本地区進駐軍被害者遺家族連合会を通し其他全ゆる方法を以て永年に亘り完全な補償を要望陳情して居るのであります……政府当局に於ては何等の方途も講ぜられず実に遺憾に堪へない」と怒りの気持ちを述べています。

最後に、私たちの子弟は国家のために犠牲になったと強調し、当局より充分な補償が講ぜられるよう連署を以て請願致します、と結んでいます。請願者として、九人の請願者氏名が、それぞれの犠牲者氏名、生年月日、請願者との続柄、爆死年月日の下に記され、押印されています。

(2) 遺族の願い、国を動かす

請願運動を続ける遺族の願いを受け止めた宮崎一区選出の日本社会党衆議院議員片島港氏が、一九六一（昭和36）年四月六日、清瀬一郎衆議院議長に「占領軍の行為による被害者の遺族に対する補償に関する質問主意書」を提出しました。

片島氏は、質問主意書の中で、「爆死（警察官一名を含む）した一〇名の被害者の遺族に対する補償について、昭和二九年に至り一名に対し五万三千円を支給されたが、遺族は右の補償裁定額を不十分として再三にわたり十分なる補償の申請を行っている」と述べ、「再裁定の上、補償額を増額すべきではないか」と質問しました。

これに対して池田勇人内閣総理大臣は、一九六一（昭和36）年四月一四日、片島港氏に次のような答弁書を送付しました。「ご質問の被害者については、警察官一名を除く九名に対し、昭和二一年五月閣議決定、及び昭和二七年五月閣議了解に定める基準により、それぞれ六万三千円の死亡見舞金を支給している。しかしながら、その後、これらの被害者をも含め実態調査を行った結果、特に占領期間前記に属する被害者の救済は十分とは言い得ないものもあると思料されたので、立法措置によりこれを救済することとし、今国会に関係法律案『連合国占領軍等の行為等による被害者等に対する給付金の支給に関する法律案』を提出している次第である」として、「この法案の成立をまって措置いたしたい所存」だと答弁しました。

池田首相が「法案の成立をまって措置いたしたい」と答弁して実現した補償額は、北田元好さんが「涙金」と表現したわずかな金額でした。そのため遺族の政府に対する補償要求運動はその後も続きました。

一九六六（昭和41）年四月、また請願書が作られました。この請願書が訴えている内容は、一九六一年の請願書とほとんど変わりはありません。しかし、次のような叙述があります。「当局は僅かに昭和二九年一柱に対して五万三千円を支給され更に昭和三八年一二月国会を通過し全額にて二〇万円（含前渡済金）支給されて居りますが、……恩給復活其の他総ての戦争犠牲者に対する補償恩典が実施される様になったのに唯我々の子弟のみ僅かなる補償金にて放置されている」ことは、遺族として「実に忍び得ないこと」と訴え、完全な補償を要望する、としています。

この後も、補償要求運動は続きますが、何の進展もなく、また、戦争の犠牲になった多くの人たちの悲しい事実も忘れ去られようとしています。

(3)　追悼碑を建立しましょう！

爆弾投棄作業に従事して殉難されたみなさんの追悼碑を建立しましょうと、町内外の人々に協力を呼びかけています。追悼碑建立趣意書は次のとおりです。

「弾薬投棄作業殉難者追悼碑」（仮称）建立趣意書

終戦直後、弾薬の海洋投棄作業中に10人が爆死

終戦直後の１９４６（昭和21）年３月14日、占領軍の命令に基づく門川町役場の指図により、占領軍監督の下に門川町の若者16人と警察官１人が、弾薬の海洋投棄作業に従事しました。其の作業中、爆弾の予期せぬ爆発が起こり、警察官を含む10人が亡くなり、７人が負傷するという大惨事となりました。

戦争の後始末に従事して、犠牲となったこれらの人びとは、一家の中心的働き手であったり、戦争終結により復員したばかりの者など、これから平和な社会で羽ばたこうとする有為の若者たちでした。

アジア太平洋戦争での日本国民の死者は３５０万人、アジア地域の死者は２０００万人を超えるといわれます。これらの犠牲者の一人ひとりに肉親があり、その人びとには忘れることのできない深い悲しみが今も続いています。私たちの９人の犠牲者についても全く同様です。

戦後60数年を過ぎる今日、門川町の人びとの上に起こったこの悲劇を、地元においても知る人が少なくなりました。戦争による悲劇を再び繰り返すことのないように、この歴史

的事実を忘れずに、戦争の戒めとしたいものです。亡くなった方がたの氏名や事実の概略を記して、追悼の意を表す碑を建立したいと考えます。
追悼碑の建立にご賛同賜りますよう、心よりお願い申し上げます。

（建立趣意書は二〇一四年作）

【参考文献、資料】
『激動の二十年――宮崎県の戦後――』毎日新聞社西部本社（昭和40年1965年刊）
デイリー新聞記事「兵器よさらば」上・下（1995年5月3日・4日付、岩田幸徳氏）
『細島沖の悲劇――爆弾海上投棄船爆沈――』（平成二十年度内藤家顕彰会会誌『亀井』所収の水永民雄氏の文章、2008年）
遺族作成の請願書2通（1960年8月、1966年3月）
衆議院議長宛質問主意書（衆議院議員片島港）
答弁書（内閣総理大臣池田勇人）

（二〇一七年八月二二日）

第三節　殉国慰霊塔

――日向市の戦没者慰霊塔（日向市大字富高古城が丘）

戦没者慰霊碑とか殉国慰霊塔などという碑や塔が全国各地に建てられています。私たちの日向市の市内各地にもあります。これらの慰霊碑にまつられている人びとは戦死者です。しかし、戦争で亡くなったのですが「戦死者慰霊碑」とせず「戦没者慰霊碑」としたり「殉国慰霊塔」としています。

広辞苑で調べてみました。「戦死」は戦闘で死ぬこと、「戦没」は戦場で死ぬこと、戦死・戦傷死及び戦病死の総称、「殉国」は国のために命をなげだすこと、とあります。このように、戦死や戦没にも少しずつ意味の違いがあるようで、このような意味の違いを考えつつ、ことばを使い分けているものと考えられます。

さらに、戦没者慰霊塔にまつられている戦死者は、戦争で亡くなった死者すべてではありません。死者は死者でも、戦争中の日本陸海軍の軍人や軍属（軍人でなくて、軍隊に勤務する者）で亡くなった人たちだけで、空襲の爆弾や機銃弾に当たって亡くなった人や戦闘に巻き込まれて亡くなった一般の人びとは含まれていません。さらに、政府に逆らった人びと（西南戦争の西郷軍側）は含まれないのです。

日中戦争から太平洋戦争までの日本の戦没者は、三一〇万人です。その内訳は軍人・軍属などが二三〇万人、外地で戦没した一般邦人が三〇万人、内地の戦災死没者が五〇万人だといいます（厚生省援護局調べ）。

ここにいう「軍人・軍属など二三〇万人」という人数が戦没者慰霊碑にまつられている戦死者たちだということになるのでしょう。

一　宮崎県の戦没者

宮崎県の戦没者について見てみましょう。（以下の資料の出典は、『宮崎県地方史資料集』〈宮崎県高校社会科研究会歴史部会編　昭和四六年八月一三日刊〉です。）

［注①］次に引用した　四、戦没者一覧という見出しのもとに㈠戊辰戦争以来宮崎県戦没者一覧という表は187ページ下段に掲載されています。これにつづくものと思われる㈡日華事変・太平洋戦争宮崎県人戦没者一覧表並分布図は175、176ページに掲載されています。なぜこのようなページと順序になっているのかわかりませんが、以下のような順序で引用させてもらいました。

四、戦没者一覧

㈠戊辰戦争以来宮崎県戦没者一覧

戊辰の役　75人
佐賀の乱　16
西南の役　11　（政府軍側）
日清戦争　102　歩兵13連隊、23連隊　山東者（ママ）九皐村、黄海々戦　27・9・17
軍艦松島
日露戦争　981　歩兵23連隊37・7・16（ママ）盛京8・30首山堡37・5・15旅順港々
外、軍艦初瀬31名戦死
第1次大戦・シベリア出兵　120
済南事変　10
満州事変　166　昭和12・7・6以前　但　戦傷病死を含む
日華事変　4213
太平洋戦争　27633
4376　昭和20・9・2以降

総　計　３７６０１

（「宮崎県援護課」提供）

［注②］右記の表の総計は３７６０１となっていますが、計算すると３７７０３となります。その理由は、３７６０１人が日清戦争以後の戦没者数の合計であって、戊辰の役、佐賀の乱、西南の役の戦没者数計１０２人を含まない数になっているからです。

⑵日華事変・太平洋戦争宮崎県人戦没者一覧表並分布図

区　分	身　分	人　員	計
陸　軍	軍人・軍属	28683	29110
	準軍属	427	
海　軍	軍人・軍属	8383	8491
	準軍属	108	
計	軍人・軍属	37066	37601
	準軍属	535	

時　期　別	人　　員
昭 12. 7. 6 以前	1,379
昭 12. 7. 7 から 昭 16.12. 8 まで	4,213
昭 16.12. 8 から 昭 20. 9. 1 まで	27,633
昭 20. 9. 2 以後	4,376
計	37,601

［注③］１７５ページに㈡日華事変・太平洋戦争宮崎県人戦没者一覧表並分布図の見出しのもとに右に掲げた二つの表が掲載されており、表の下段に、アジア太平洋地域の地図が掲げられ、その地図の地名ごとに戦没者数が記入されています。

次ページの１７６ページには、「市町村別在籍戦没者数（３７６０１）」として宮崎県全図に市町村の区割りを施し、その市町村ごとに戦没者の人数が記入されています。戦没者数は「３７６０１」と示されていますが、各市町村ごとの人数を合計すると３７６７４人となります。（二つの地図は省略しました）。ちなみに「市町村別在籍戦没者数」の地図上では、日向市は１１９２人、東郷町は３８３人です。

［注④］宮崎県福祉保健部指導監査・援護課がインターネット上に掲載している「宮崎の戦争記録継承館」があります。このなかに「戦没者数（宮崎県在籍者）」の項目があり、そこに「戦没者数（宮崎県在籍者）」として、私がここで引用した㈠「戊辰戦争以来宮崎県戦没者一覧」と㈡「日華事変・太平洋戦争宮崎県人戦没者一覧表」が掲載されており（ただし、戊辰の役、佐賀の乱、西南の役は含まれない）、人数は同じで、「昭和三十七年六月　宮崎県調べ」としてあります。

二　日向市の殉国慰霊塔と戦没者数

日向市立富高小学校のすぐ裏手の高台、古城が丘に「殉国慰霊塔」が建てられています。塔の基壇の裏面には塔建立の趣旨が次のように刻まれています。

古くは西南の役以来
あゝ千三百余柱の
感謝と慰霊のまことを捧げる
ここみはるかす高台の
伸びゆくわがふるさとを守り
われらもまた
世界の平和と
ひたすらなる努力を誓い
この塔をたてる

護国の華と散りたまいし
尊いみたまをしずめまつり
みたまよ
古城が丘にしずまりまして
幸を得させたまえ
そのみ心にそい力を合わせ
郷土の繁栄に
全市民のまごころをもって

昭和36年11月
慰霊塔建設委員会ゝ長
日向市長　藤井満義

塔の建っている高台は古城が丘と呼ばれ、町を一望できます。

この塔にまつられているのは、西南の役以来の戦没者一三〇〇余柱であると刻まれています。

日向市古城が丘に建つ殉国慰霊塔

日向市福祉課政策係は、殉国慰霊塔の建立されたその年の一九六一（昭和36）年一一月に開催された慰霊祭では、戦没者数は当然ながら「一三〇〇余柱」と報告されたといいます。ちなみに、一三〇〇余柱の実数は一三六九人だとしています。

その後の二〇一七（平成29）年の慰霊祭では戦没者数が「一七八九柱」と発表されたといいます。一三六九人から一七八九人に増えたのは、二〇〇六（平成18）年二月に東郷町が日向市に編入されたことにより東郷町の戦没者数が加わったためだということです。東郷町の戦没者数は四二〇人で、それに日向市の一三六九人を加えて一七八九人になると福祉課政策係は説明しました。

ところで、『東郷町誌』（昭和三〇年三月発行、その後昭和五三年四月までに二度修訂増補発行されている）の九六ページに「各戦役戦没者氏名録」が掲載されています。この表には戦没者の氏名と町内の地区名も書かれています。この表によれば戦没者数の合計は三九三人です。戦役ごとの戦没者数は次のとおりです。

西南の役　三人
日清戦争　二人
日露戦争　六人
シベリヤ出兵　四人
日華事変　三〇人
太平洋戦争　三四八人
合　計　三九三人

福祉課政策係は、係が把握している東郷町の戦没者数の四二〇人と東郷町誌の戦没者数三九三人の人数の不一致の理由はわからないといいます。

〔参考文献〕
『宮崎県地方史資料集』宮崎県高校社会科研究会歴史部会編　昭和46年8月13日
『東郷町誌』東郷町誌編さん委員会編　昭和30年3月発行（42年2月と54年4月に修訂増補発行）

（二〇一九年一月）

おわりに ―― 武器に頼る平和なんてあり得ない ――

今ある戦争遺跡・遺品を残したい！

私は、高等学校に勤めていましたので、校外学習として一九八三（昭和58）年に生徒諸君と一緒に海軍富高飛行場跡を調査しました。この時から私は、戦争の時期には私たちの身近なところでどんなことが起こったのか、戦争のためにどんなものが作られたのか、どんな部隊が駐屯したのかなどについて調べ始めました。

それ以来、戦争中の話を地域の人びとに聞き、地域に残る戦争遺跡を訪ね歩いて、それらについての話を聞いてまわりました。当時は、目の前に残っている戦争の遺構を作るのに携わった人たちがおられ、詳しい話を聞くことができました。

今日（二〇一九年）では、当時のことをご存じの方がほとんどおられなくなり、もはや戦争の話を聞くことは困難になりました。こうなってみると、戦争遺構や戦争遺品、記念碑などを残し、それらに戦争のこと、戦時中のことを語ってもらうほかありません。

戦争を再びすることなく、平和な日本を保ちつづけるために、かつての戦争のことを忘れないために、戦争に関わる遺跡を見つめ、戦争を語り継いでいくことはとても大事なことではないかと考えます。

これまでにも、戦争に関わる遺跡や遺品の保存を訴えてきましたが、それらの保存運動の必要性、緊急性は強まっています。今ある戦争遺跡、遺品をぜひとも残したい、残してもらいたいと思います。

「武器をとって国を守る」という考えからの決別を！

憲法改定の動きが強まっていますし、国の軍事費は増大をつづけ、「防衛力」は格段に強化される事態になっています。

憲法改定の狙いは、九条をなくすことでしょう。武器をとるつもりなのでしょうか。

戦争が起これればその惨禍は計り知れません。

世界の各地に戦火は絶えませんが、世界の趨勢《すうせい》は、対立する国々をも包含する組織の中で国同士が話し合い、話し合うことによって問題を解決しようとする動きです。つまり、これからの世界は、集団安全保障の考え方に基づいて問題解決を図ってゆくこと（国際連合の考え方）でしょう。そのための条約を北東アジアにも作り、平和な地域、平和な国を築きたいと切に思います。

武器を取って国を守るという考えを捨て、あくまで話し合いによって紛争を解決することに徹したいものです。

二〇一九年六月

著者略歴

福田 鉄文（ふくだ　てつぶん）

1938年８月　「満州国間島省延吉市」に生まれる
1962年３月　東京都立大学法経学部法律学科卒業
1966年４月　宮崎県立高等学校に勤務
1998年３月　宮崎県立高等学校を退職
2010年12月　著書『宮崎の戦争遺跡―旧陸・海軍の飛行場跡を歩く』（鉱脈社）出版

現在　歴史教育者協議会会員
中国人戦争被害者を支える宮崎の会会長
日向・平和のための戦争展実行委員会事務局長
現住所　宮崎県日向市迎洋園2－121

みやざき文庫 135

私たちの町でも戦争があった
—アジア太平洋戦争と日向市—

2019年9月 2日 初版印刷
2019年9月10日 初版発行

著 者 福田 鉄文

発行者 川口 敦己

発行所 鉱脈社
宮崎市田代町263番地 郵便番号880-8551
電話0985-25-1758

印 刷
製 本 有限会社 鉱脈社

発掘・継承・創造 —《いのち》をうけ継ぎ・育み・うけ渡そう —